はじめよう！障害理解教育

子どもの発達段階に沿った指導計画と授業例

水野智美　編／著

図書文化

はじめに

　最近では，多くの学校において，障害のある子どもが在籍するようになっている。文部科学省が行った調査でも，通常学級の6%〜10%の子どもに発達障害の疑いがあることがわかっている。また，発達障害のある子ども以外に，車いすを使用している子どもや，聴覚に障害がある子どもなど，身体障害のある子どもが通常学級で学ぶことも増えている。このように，子どもたちにとっては，日常の生活の中で，障害のある子どもと共に過ごす機会が多くなっている。

　障害の有無にかかわらず，だれもが同じ社会の一員として共に生活することをあたりまえと考えられる社会（共生社会）を実現することが，現代社会の大きな課題である。その意味で，子どもたちが学校の中で，自分とは異なる特徴のある人たちとふれあう機会があることは重要である。

　しかし，自分とは異なる特徴のある人と同じ場所で同じ時間を過ごせば，それだけで自然にお互いの理解が進むと考えるのは大きな間違いである。実際に，通常学級で学んでいる障害のある子どもが，クラスの中でいじめを受けたり仲間外れにされてしまうケースをしばしば見かける。障害のある子どもが同じ学校の仲間として認められ，周囲から必要なときに適切な支援を受けられるようにするためには，健常の子どもたちが障害のある子どもたちの特性について知り，その特性に合った対応や配慮，人間関係の築き方を学ぶための理解教育を受けることが必要不可欠である。

　また，自分の学校にいる友達に限らず，広く社会一般に自分とは違う特徴がある人が存在することを知り，自分がどのような配慮をすればお互いがよりよい関係を結べるのかを考える教育を受けることによって，子どもたちは，将来，さまざまな特徴のある人と出会ったときに，その人を違和感なく受け入れることができるようになる。

　ある小学校では，視覚障害者や車いす使用者，高齢者が外出の際にどのようなことに困るのかを学び，自分たちができる支援は何かを，1年生から6年生までがそれぞれの学年の発達段階に応じて考えられるようにしている。それによって，車いすを使用する子どもが入学したときには，多くの子どもが開閉式のドアを開けてその子どもが通りやすいように配慮したり，横断歩道を渡ろうとしている視覚障害者へ信号の色を伝えて，視覚障害者が安心して横断歩道を渡れるように援助したりできたという話を，その学校の校長から聞いたことがある。

　ほかにも，特別支援学級が併設されている小学校の中には，特別支援学級の担任と通常学級の担任が協力し合い，特別支援学級の子どもの特徴を通常学級の子どもたちに伝

え，コミュニケーションの取り方を具体的に考えさせる取組みをしているところがある。それによって通常学級の子どもたちが，特別支援学級の子どもとの交流の時間に，特別支援学級の子どもが参加しやすいようにゲームのルールを単純化する工夫をしたり，話をするときにはジェスチャーをつけたり実物を見せたりするようになるなど，相手と会話が通じることを重視したやりとりが増えるようになったと聞いた。

　このように，障害理解を目的とした意図的な指導を教師がすることによって，学校においてだけでなく，共生社会を実現するための土台がつくられていく。

　これまで私たちは，障害理解教育の必要性を感じ，自分たちの学校で実践したいと申し出る先生方に多く出会った。しかし，その先生方から共通して聞かれたことは，具体的にどのように授業を展開すればよいのかがわからない，どの内容をどういった順番で行えばよいのかがわからないということであった。

　そこで本書は，「身体障害」と「発達障害・知的障害」にパートを分け，どのような段階を追って教育をすれば，子どもたちが無理なく障害理解を進めていくことができるのかを具体的に示した。授業案という形をとったことにより，より教育の場で使用してもらいやすいものになったと思われる。特に，発達障害や知的障害についての理解教育の方法については，これまでに類書がなく，筆者らの間でも何をどのように伝えればよいのかを悩み，多くの議論を重ねてつくり上げてきた。本書が，学校において障害理解教育を実践するための一助となれば幸いである。

　なお，本書で扱う障害とは，学校教育法施行令に示された「障害の程度」に含まれるものに限らず，日常生活になんらかの不自由さや困難がある状態のある者を含めている。特に，発達障害については，診断を受けているかどうかではなく，その人自身に日常生活を送る上での困り感が強くあれば，支援の対象であると考えている。

　最後になったが，本書の着想から執筆に至るまでには，数年という長い時間をいただいた。図書文化社出版部の渡辺佐恵さん，部長の水野昇さんには，執筆過程で多くのご助言をいただき，遅々と進まぬ執筆を長い目で見守っていただいたことに，心から感謝申し上げる。

　　　平成28年3月

　　　　　　　　　　　　　　　　　　　　　　　　　　　　編著者　水野智美

「しょうがい」の表記について

　2016年現在,「しょうがい」を表記する場合に「障害」「障がい」「障碍」「しょうがい」などの書き方が用いられており,公文書等においても混在している状況である。国会での議論もあるが,本書執筆時点において,どの書き方が正しいという統一された見解はない。

　「障」の字を使うべきではないという意見があり,また「害」の字が不適切であるという意見がある。言葉や表記は時間とともに変遷していくものであり,その時代の社会背景や有力者の意見などが影響する。

　著者の一人である徳田は,2011年3月に内閣府の「心のバリアフリーガイド作成編集委員会」委員長として障害に関連する言葉の問題にかかわった。その際,内閣府の担当者に「しょうがい」の表記について,国はどのような取り決めをしているのかを尋ねたところ,「その種の取り決めはいっさいない。議員立法で制定された法律の中には『障がい』という表記をしているものが少数あるが,それ以外はすべて『障害』である。障害者団体に尋ねてみても表記の仕方にはこだわっていないようだ」という回答をもらった。また,現時点では学術用語としての統一はなされていないものの,障害に関連する日本の学会の多くが「障害」という表記を使用している。

　以上のことから,本書では「障害」の表記を使用することにした。

　地方自治体,また有識者の活動の中では「障がい」と表記することが増えており,また(障害が専門ではない)研究者の中にも,「障がい」と表記すべきであると主張する人がいる。私が困るのは,「障がい」と書いていないという理由だけで,研究論文が差別的な発表であるととらえられることである。簡単に言えば,「障害」と書く人は差別的であり,「障がい」と書く人はヒューマニズムにあふれる人であるというのは,ステレオタイプのとらえ方である。実はこれも障害理解の歪みの一つである。

　本書を読む教育関係者には,子どもたちから「しょうがい」をどう表記すればよいかと問われた際に,より客観的な情報をもとに回答し,一緒に考えていただけるように願っている。

徳田克己

| 目　次 | はじめよう！　障害理解教育 |

はじめに
「しょうがい」の表記について

第1部　理論編

1 障害理解教育とは　　10
1 障害理解とは何か／2 障害理解教育の目的／3 障害理解とヒューマニズム／4 障害理解と障害者理解／5 障害理解と障害者が求める理解

2 障害理解の発達段階　　15
〔表〕障害理解の発達段階

3 障害者に対する偏見や誤解はなぜ生まれるのか　　18
1 障害者に対する偏見や誤解／2 偏見や誤解が生じる原因

4 不適切な障害理解を生じさせる教育や活動の例　　20
1 障害者の苦労・苦悩の強調／2 美談仕立てのストーリー／3 取り上げる障害者の偏り／4 教科書・副読本における内容の偏り／5 安易なシミュレーション体験の実施／6 盲導犬，点字，手話，車いすの学習の仕方／7 不適切な内容の障害者の講話／8 評価を意識して子どもたちが本音を言えない／9「同情してはいけない」「障害がある人もない人も同じだ」と説く

> コラム1　盲導犬　57
> コラム2　障害者が登場する絵本を有効に活用しよう　58
> コラム3　点字　80
> コラム4　点字ブロック　105
> コラム5　手話　106
> コラム6　車いす　127
> コラム7　当事者や保護者へ必要な配慮　134
> コラム8　特別支援学級における「交流及び共同学習」　152

第 2 部　実践編

1 身体障害に関する理解教育　　　　　　　　　　　　　　　32

 1　身体障害の基礎知識
 2　身体障害に関する理解教育の段階

幼児向き

1. 世の中には自分とは違う特徴のあるさまざまな人がいる　　37
2. 障害者は工夫や支援があれば，自分たちと変わらない生活を送れる　　41
3. よい子にしていることと障害は関係がない ―障害の永続性―　　45

小学校低学年向き

4. 見えなくても，わかることがたくさんある　　49　　視覚障害
5. 盲導犬とその使用者　　53　　視覚障害
6. 手話とその使用者　　59　　聴覚障害
7. 車いすとその使用者　　63　　肢体不自由
8. 音声に頼らずに情報を得るための方法　　67　　聴覚障害
9. 車いす使用者は障害物や段差に困る　　71　　肢体不自由

小学校高学年向き

10. 点字の触読体験　　75　　視覚障害
11. 聴覚障害者とどのように話をすればよいのか　　81　　聴覚障害
12. 後ろから声をかけられたり，耳元で大きな声を出されると困る　　85　　聴覚障害
13. 自分たちが生活する町の中のバリアと工夫　　89　　肢体不自由
14. 視覚障害者のための生活上の工夫　　93　　視覚障害
15. 肢体不自由のある人が日常生活で行っている工夫　　97　　肢体不自由

中学校向き

16. 点字ブロック上の障害物　　101　　視覚障害
17. みんなが話している内容がわからないと疎外感がある　　107　　聴覚障害
18. 視覚障害者の手引きの仕方　　111　　視覚障害

⑲ 車いす使用者に対する介助方法　115　　　　　　　　　　　肢体不自由
⑳ 障害のある人と共に生きるために　119　　　　　　　　　　聴覚障害
㉑ 障害者は社会参加を阻まれることがある　123　　　　　　　肢体不自由

2 発達障害・知的障害に関する理解教育　　　　　　　　　　128

   1　発達障害・知的障害の基礎知識
   2　発達障害・知的障害に関する理解教育の段階

幼児向き

㉒ 個別のケースの理解①
   すぐに叩いたりかみついたりする子ども　135　　　　　知的障害　発達障害
㉓ 個別のケースの理解②
   保育室から無断で出て行ってしまう子ども　139　　　　知的障害　発達障害
㉔ 個別のケースの理解③
   こだわりの強い子ども　143　　　　　　　　　　　　　知的障害　発達障害

小学校低学年向き

㉕ ゆっくり成長する人がいる　147　　　　　　　　　　　　　知的障害
㉖ どうすれば相手に伝わるのかな？　153　　　　　　　　　　発達障害
㉗ がんばってもうまくいかないことを責められると悲しい　157　発達障害
㉘ どうして同じようにできないの？　161　　　　　　　　　　知的障害

小学校高学年向き

㉙ 注意を集中することが苦手な子ども　165　　　　　　　　　発達障害
㉚ 交流で困ることとその解決法　169　　　　　　　　　　　　知的障害
㉛ 刺激のとらえ方が違う人への接し方や配慮　173　　　　　　発達障害

中学校向き

㉜ 知的障害がある人のためのバリアフリー　177　　　　　　　知的障害
㉝ 発達障害ってどういうこと？　181　　　　　　　　　　　　発達障害
㉞ 知的障害のある人と共に生きる　185　　　　　　　　　　　知的障害
㉟ 発達障害のある人と共に生きる　189　　　　　　　　　　　発達障害

第1部

理論編

1. 障害理解教育とは
2. 障害理解の発達段階
3. 障害者に対する偏見や誤解はなぜ生まれるのか
4. 不適切な障害理解を生じさせる教育や活動の例

1 障害理解教育とは

1 障害理解とは何か

　障害理解は,「障害のある人に関わるすべての事象を内容としている人権思想, 特にノーマライゼーションの思想を基軸にすえた考え方であり, 障害に関する科学的認識の集大成である」と定義される（徳田・水野, 2005）。障害理解を進めていく教育を「障害理解教育」, 障害理解教育の中で行われる個々の教育活動を「障害理解指導」, 障害理解を促進するイベントや啓発活動を「障害理解活動」と呼ぶ。

　障害理解は「障害に関する科学的認識をもつこと」に大きな特長がある。ただ単に障害者を好意的にみることや肯定的に評価することが障害理解ではない。同様に, 障害者に優しく接する人, 障害者の世話を嫌がらずにする人が障害理解のある人ではない。

　障害の有無にかかわらず, ひとは自分で決め, 自分の意思で行動したいと思っている。最近では, 障害者自身の意思決定や自己判断を尊重しようという考え方がさまざまな施策に取り入れられてきているが, その一方で,「障害者は何もできなくて, 不幸でかわいそうな存在だ」という思いから, 障害者の望まない「お世話」をしてくれる人も依然として多い。しかし, そのような考えからの援助は, 障害者から自分で決める楽しみを奪うことになる。望まない援助は不快であり, また迷惑なのである。

　以前, ある研究者が, 重度の障害者が楽に運転できる車を開発しようとした。障害者の乗る車が自動的に前の車を追尾していくシステムであり, 障害者は何もしなくても目的地に着くことができる。しかし, その車に試乗した多くの車いすドライバーからは,「これは私たち車いすドライバーの運転の楽しみを奪う車だ。二度と乗りたくない」という強い意見が出された。つまり, 障害者が楽をすることが障害者の幸せだろうという勝手な思い込みが開発者の側にあったのである。

　「障害者は何もできない」「障害者は不幸でかわいそうな存在」というとらえ方は, 科学的な認識ではない。それはステレオタイプの思い込みである。障害のことを適正に理解していくためには, きちんと「障害理解の概念を理解している」指導者が, 誤りのない方法で, 偏りのない内容を伝えていくしか方法はない。

　しかし現状では,「障害者はがんばっている存在だ」「障害者に同情してはいけない」「目隠し体験をすれば目の見えない人の苦しみがわかる」などのような, 思い込みに基づく非科学的な内容が, 短時間の目隠し体験や車いす試乗, 障害者の苦労話講話などを代表

とした間違った方法によって，学校や社会教育の場で非常に多く子どもたちや市民に伝えられている。

2 障害理解教育の目的

　障害理解は，ひとの性質としてもともと身についているものではなく，学習して身につけるものである。つまり，障害を適正に理解することは学習のテーマなのである。

　ここで改めて，障害者と時間と場所を共有するだけで，障害理解が進むわけではないことを明確にしておきたい。力量のある指導者が，適切な教材と効果的な教育方法を用いて子どもたちを導いていくからこそ，適正な障害理解の能力が身についていくのである。

❶ 発達に応じた障害理解教育の必要性

　わが国では，昔から「思いやりの気持ちをもとう」「福祉の心を育てよう」といったスローガンを社会のあちらこちらで目にしてきたが，「どのようにすれば子どもに思いやりの気持ちをもたせることができるのか」「どのようにすれば福祉の心を育むことができるのか」についてはほとんど議論されてこなかった。

　そもそも思いやりや福祉の心とは，行動を指す言葉であるのか，行動の準備段階である態度を指す言葉であるのか，それとも個人の性格特性を示すのかについては明確ではない。しかし，これらの耳あたりのよい言葉は，十分に理解されないまま，教師や親たちによって都合よく使用されてきた。

　障害理解教育は精神論であってはならない。この教育は，実践する態度や実践力を育てるためのものである。そうであるならば，障害者に対する思いやりや福祉の心を身につけるための，子どもの年齢や理解の程度に応じた教育プログラムが必要である。「障害のある人には思いやりの気持ちをもって接しましょう」などといった，内容が不明確なスローガンを，幼児から大学生にまで一律に与えているようないまの状態は，「個々の児童生徒の発達の状態に配慮した教育を行っている」とは言いがたい。

❷ 人間の価値の多様性を理解する

　人間は多様である。そのさまざまな人間の価値，すなわち自分自身とはいろいろな点で異なる人間の価値を認めていくことこそ，障害者をはじめとする他者の理解の第一歩である。そして，「認める」ためには，まず「知る」ことが前提となる。

　世の中には自分だけが存在するのではなく，また家族や自分が知っている人だけが存在するのではなく，多くのさまざまな人が自分の知らないところに存在し，自分と同じように生きていることを知らなければならない。しかも，このことは，子どもの年齢が

小さいうちから，親や保育者・教師が，子どもに実感できるように伝えていかなくてはならない。

　日本の平均的な家庭に育つ子どもたちについてみると，幼児や小学生のうちはあまり異文化にふれることがない。核家族化が進んでいるために身近に高齢者がいない。また，障害者のことを，「じろじろ見てはいけません」と教えられているために，身近な存在として感じていない。さらに，ピアノや勉強や水泳など，いろいろなことができる人を「よい」「価値が高い」と教えられている。

　子どもたちは，価値観を多様化させる学習をしなければならない最も大切な時期に，「速く，たくさん，上手にできるのがよい」とするものさしを強く身につけてしまう。しかし，このようなものさしは，「速く，たくさん，上手に」はできないことが多い障害者や高齢者は，人間としての価値が低いと子どもたちに感じさせてしまう。

　子どもの発達や理解の程度に応じて，幼児期からの系統的な障害理解教育が必要とされる理由が，そこにある。

3　障害理解とヒューマニズム

　「障害者に優しい人はヒューマニズムにあふれる人だ」「障害者に親切じゃない人は心が冷たい人だ」というステレオタイプの見方がある。これは明らかに誤った考え方である。障害者への接し方や障害者問題に対する考え方は，人格や思いやりのリトマス試験紙ではない。障害者とうまくかかわれない人のほとんどは，かかわり方を知らない人やかかわり方に自信がなくて，何となく疎遠になっている人たちである。

　実際に，障害者に接する具体的な指導をほとんど受けたことがなく，ボランティア活動などにあまり関心がなかった大学新入生たちが，適正な障害理解教育を受けることによってかかわり方の基本を学び，いろいろな経験を積むうちに，すばらしいボランティアとして活躍するといったことを私は毎年のように見聞きしている。人間関係を形成するためのレディネスや知識が不足していて自信がもてない場合には，だれであっても障害者にかかわろうとする意欲が出てこない。この状態を「ヒューマニズムに問題がある」と評価するのは，間違っている。小学生に割り算の方法を教えず，いきなり割り算のテストをして，よい点数が取れなかったからその小学生は算数の能力が低いと決めつけるようなものである。

　また，障害者に優しく接することが，必ずしも障害者と適正にかかわっているというわけではないことにも留意しておきたい。障害科学の専門家やリハビリ関係者は，「障害者に厳しい」としばしば言われる。それは，その障害者がもっている能力を客観的に評

価していて，支援すべきことと支援しなくていいことを分けて接しているからである。障害者ができることまでも「してあげる」ことがヒューマニズムであるという考え方の人から見れば，「支援しないことがある」という状態はヒューマニズムに反すると映るのであろうが，それは適切な見方ではない。

4　障害理解と障害者理解

「障害理解と障害者理解は，どのように異なるのか」「障害者（人間）を理解することが最も大切であるので，障害者理解という用語のほうが適切ではないか」という質問を受けることがある。障害理解とは，社会の構成員が障害者のことを適正に理解することを目指した活動であるから，障害者理解と言っても間違いではない。しかし，共生社会の形成を目標にした活動であることから考えると，「障害者のための」あるいは「障害者を中心とした」というニュアンスが含まれる障害者理解よりも，さらに広い視野を示すことができる障害理解のほうが適切であると考える。つまり，「障害がある人」の理解ではなく，「その人が抱える障害やそれにかかわる事象」の理解である。

また，障害理解活動には，障害やそれにかかわる事象を通して改めて自らの体を理解したり，みんなが住みやすい街づくりや建物を考えたりといった，視点の異なる幅の広い活動がある。さらに，障害理解で扱う対象には，身体障害者補助犬や点字，手話，バリアフリー施設・設備，ボランティアなどといった，それ自体が理解活動の題材となるものがたくさんある。それを明確にするためには，障害者理解よりも障害理解の用語が適切なのである。

障害理解は障害にかかわるすべてのことを対象にしている。当然，障害者に直接的に関係した内容も多く，それらは「障害者理解」の内容である。その意味では，障害理解の中に障害者理解の内容が包含されていると考えることが適切である。

5　障害理解と障害者が求める理解

障害者は，自らの障害のこと，それによる社会的な活動の制限のこと，希望する支援など，自分にかかわる人（家族，友人，教師など）や一般市民に理解してほしいことをたくさんもっている。このように「自分をわかってほしい」という気持ちは，障害の有無にかかわらず，だれもが抱く要望である。

そこで筆者らは，障害者支援の研究を進めていくにあたって，まず障害者本人がどのような理解を求めているのかというニーズを把握することに努めてきた。これまでに，

福祉行政に対するニーズ，交通機関に対するニーズ，百貨店に対するニーズ，幼稚園・保育所に対するニーズ，学校に対するニーズ，医療機関に対するニーズ，ドライバー・自転車利用者・歩行者に対するニーズなど，非常にたくさんの調査データを扱ってきたが，その中で常々感じていることが2点ある。

1点目は，障害者のニーズは範囲がとても広く，その内容も多岐にわたっているということである。例えば，視覚障害者にとって点字ブロックは安全な移動のために不可欠であるが，車いす使用者にとって点字ブロックは移動の際のバリアになるといった，障害種別によるニーズの差がある（水野・徳田，2010；徳田・水野，2011）。

また，同じような障害があっても，人によってまったく異なるニーズをもっていることは多い。例えば百貨店の買い物においても，必要なときにスマートに支援してほしいと思っている障害者がいれば，最初から最後まで（帰りの電車に乗るところまで）そばで支援してほしいという障害者もいる。

少数の障害者の意見や要求を聞いて，それがすべての障害者のニーズであるととらえて制度をつくったり街づくりをしたりすることがよくあるが，それでできあがったものは，不備があったり，実際には使用されないものであったりしているのが現状である。また，学校の授業にゲストとして障害者を招くことがあるが，その障害者が語った内容が常に多くの障害者のニーズを代表するわけではない。それは単に一人の障害者の意見であるが，聞くほうは「障害者の共通する意見である」ととらえてしまう。このようなニーズの個別性に留意しておくことが必要である。

それならば，どの障害者の意見を聞けばよいのだろうか。障害者団体の代表者か，テレビや雑誌によく出ている有名な障害者か。結論から言えば，障害者すべてを代表するような障害者は存在しない。非常に多岐にわたる障害者のニーズ全体を把握している個人としての障害者は，今の複雑化した社会の中では存在しえないのである。

2点目は，障害者が理解を求めているからといって，そのニーズが常に適正とは限らないということである。このことは少し考えればわかることであるが，障害者が自らの声で何かを表明すると，一般の人は「それはそうだなぁ。当事者が言っていることだからもっともだ」と認識してしまう傾向がある。

私はこれまで大学で多くの障害学生（おもに視覚障害学生と聴覚障害学生）を教えてきているが，数年前に，ある視覚障害学生が「私は目が見えないので試験を受けられません。そのため試験ではなくレポートに代えてください」と申し出てきたことがあった。話を聞いてみると，目が見えないことだけが試験を受けられない理由であった。そこで，私の授業では目が見えなくても試験が受けられることを具体的に説明したが，その学生は「ほかの先生はみんなレポートに代えてくれた」と不満を言った。つまり，その学生

は試験回避のために障害をもち出したのである。

　障害者の要求に応じないのはヒューマニズムに欠ける行為であるという考え方が世の中にある。しかし障害のためにできないこと，できにくいことに対しては支援を行い，障害に関係ないことにはほかの人と同様に対応する（できることは障害者自身が行う）ことが重要であることを，肝に銘じておかなくてはならない。また同時に，障害者自身もそのことについて考えておくべきである。

　障害理解とは，障害者に優しく接することではなく，適切に接することなのである。そうしないと，障害者を常に支援の対象としてしか見ない雰囲気が世の中に定着してしまう。障害者を一人の人間として見て，互いの人格を尊重し合う人間関係がつくれなくなる。

2　障害理解の発達段階

　障害者のことを理解するうえで，世間にはさまざまな誤解がある。例えば，中学校の道徳の時間に「障害のある人に対して同情してはいけない」と教えられたために，テレビなどで障害がある人を見た際に，「かわいそう」「気の毒だ」とつい思ってしまう自分自身がひどく残酷な人間に思えて，大学院生になるまでずっとそのことについて悩んでいたという学生がいる。確かに，分別のつく大人になっても障害者に同情しているだけというのは好ましいこととはいえないが，障害者とあまり接したことのない中学生が，障害者を「かわいそう」と思うのは当然のことである。

　つまり，算数・数学の能力が幼児のころから徐々に発達していくのと同じように，障害理解の能力も，教育を受けることによって徐々に身についていくのである。親や教師は，さきほどの例のように「障害者に同情してはいけない」などと，スローガンを形式的，教条的に伝えるのではなく，子どもの発達や理解の状態をとらえたうえで，少しずつ障害のことを子どもに学ばせていかなくてはならない。

　また，障害に関する理解は，「する，しない」といった二極論で語られるものではなく，人間の精神世界にかかわるほかの事象と同様に，そのレベルが議論されるべきである。特に，障害理解については，その目的である「完全参加と平等」にどの程度近づいているかが問われるべきであり，決して，障害者にどれだけ優しくできるか，いかに自己犠牲的に接することができるかということが大切なのではない。

　障害理解のレベルには，表1-1に示すような段階を想定することができる。いろい

ろな書物や講演会・学会・社会活動などでは，いきなり第5段階の受容的行動の段階の内容がスローガンのように繰り返されることが多い。例えば，「一人ひとりが障害者を社会に受け入れる努力をしていかなくてはなりません」などと言って，まとめにしているが，段階を無視したスローガンでは効果は薄い。しかし，適切に段階を踏んで，第1段階から第4段階を確実に実践していけば，第5段階には無理なく到達できる。そして，社会の多くの人がこの段階に到達し，なおかつ制度，法律，環境が整備されたならば，「完全参加と平等」は実現する。このように考えると，「障害者に理解のある人」という表現は不適切であり，「障害理解のレベルが‥‥段階（程度）の人」と表現したほうが，本来は適切である。

　以上のように，障害理解教育とは，障害理解の段階を1つずつ促進していく教育であるが，その教育内容や教育方法，評価について，現時点では多くの課題があると言わざるをえない。

表1-1 障害理解の発達段階

第1段階　気づきの段階
　障害のある人がこの世の中に存在していることに気づく段階である。幼児期には，自分との差異に気づき，それに興味をもつことは当然のことであるが，それについて「いけないこと」という感じをもたせない，親や保育者などの周囲の大人が子どもの気づきを無視しないなどといった配慮が必要である。この段階は障害や障害児・者に対するファミリアリティ（親しみ）向上の始まりと位置づけることができる。

第2段階　知識化の段階
　形や機能の差異がもつ意味を知る段階である。そのためには自分の身体の機能を知り，また障害の原因，症状，障害者の生活，障害者に接する接し方，エチケットやマナーなど，広範囲にわたる知識を得なくてはならない。

第3段階　情緒的理解の段階
　第2段階の知識化の段階と並列される段階である。障害児・者との直接的な接触（統合保育，統合教育，地域で行われるイベント，町で偶然会うことなど）や間接的な接触（テレビや映画などの映像，書物，周囲の大人の話など）を通して，障害者の機能面での障害や社会的な痛みを「こころで感じる段階」といえる。ここでは，pity（哀れみや同情），fear（恐れ），guilt（罪悪感），discomfort（不安）などのネガティブな感情も含まれる。またそのような感情をもったとしても特に問題にしない。さらにいろいろな体験を通して，障害児・者をより身近に感じられるように，またより受け入れられるように促し，教育していく。

第4段階　態度形成の段階

　十分な第2段階の学習と第3段階の体験をもった結果，適切な認識（体験的裏付けをもった知識，障害観）が形成され，障害者に対する適正な態度が形成される段階である。これまで，数多くの態度研究が，第2段階の学習と第3段階の体験が第4段階の態度形成にどのように影響しているかを詳細に調べている。その意味では，第2段階の学習と第3段階の体験が皆無あるいはきわめて不十分である幼児や小学校低学年の子どもでは，態度が形成されていないとみるべきである。また，年齢が大きい場合にも，不適切な学習とネガティブな接触体験をしていれば，この段階では好ましくない態度が形成されることになる。

　いったん態度が形成された後に，それを補完する形での学習と体験が継続されていき，態度はますます強固なものになる。その際，自分の態度と認知的不協和の関係になる情報は軽視されるので，かなり意図的な情報提供をしないと態度を変容させることはできない。例えば，視覚障害者のパーソナリティについての学習をまったくしたことがなく，しかも昔の時代劇のビデオで「傲慢であくどい金貸しの視覚障害者」を何度か見た中学生が「視覚障害者は傲慢である」というイメージをもった場合，その後，テレビのドキュメンタリーなどで「謙虚な視覚障害者」の姿を見ても，自分のもっている「傲慢」のイメージが変わらず，謙虚な視覚障害者は例外か，あるいは誤りであると考える傾向があるのである。したがって，この段階ではネガティブな態度が形成されている人に対する態度変容の働きかけも，障害理解教育の重要な内容であるととらえられる。

第5段階　受容的行動の段階

　生活場面での受容，援助行動の発現の段階である。すなわち，自分たちの生活する社会的集団（学校，クラブ，会社，地域，趣味のグループなど）に障害者が参加することを当然のように受け入れ，また障害者に対する援助行動が無理なく現れる段階といえる。

　適正な態度が形成されていても，行動には現れないことがよくある。個人の性格や周りの人の行動など，援助行動として現れてくるには多くの要因が関係しているのである。

　正しい行動モデルを示されれば，第4段階までの学習をきちんとしている人であれば，それを模倣することができるはずである。行動は模倣が基本である。大人はしばしば「自分でよく考えて行動しなさい」と子どもに指示を出すが，その際に行動のモデルがなければ適正な行動をすることはむずかしい。親や教師が行動モデルを生活の中で示していく必要がある。

3 障害者に対する偏見や誤解はなぜ生まれるのか

　障害者に対する偏見とは，障害者ということで，その人の能力や人格を不適切に評価することである。「障害のある人は何もできない」という見方はもちろん偏見であるが，「障害者は常に努力をし続けている立派な人である」という見方も大きな偏見である。

1　障害者に対する偏見や誤解

　障害者にとって，周囲から好奇の目で見られたり，偏見をもたれたり，社会的な差別を受けたりすることは，本当に悲しく，悔しいことである。この好奇の目のことを障害社会学の専門用語では「地獄のまなざし」とよぶ。障害者本人も，周りの家族も，このまなざしの圧力を受けながら生きていることが多い。

　歴史的にみても，少数の例外（ある種の障害や奇形を「神の使い」として受け入れた文化など）を除いて，いつの時代でも障害者は偏見をもたれ，差別の対象とされてきた。障害者が社会の一員として社会全体から認められ，進学，就職，結婚などの人生の重要な時点において差別を受けず，生きがいのある生活を送るためには，一般市民の一人ひとりに，障害者を適正に理解し，助け合っていこうとする態度を形成することが必要である。

　ひとが障害者に対して偏見をもち，差別することは，生まれつきのことではない。「障害者や高齢者に対してよい感情をもたない」という情報が遺伝子の中に組み入れられているわけでもない。偏見や差別に関する研究は多くの学問分野で行われているが，どの立場からも「障害者や高齢者に対する偏見・差別は，教育，社会生活，育つ環境などによって生まれる」ことが強調されている。

　また，障害者に対して偏見をもっている人でも，偏見を解消させるための教育を受ければ否定的な態度が改善されることが，さまざまな心理学の研究によって確認されている。言いかえれば，ひとが育っていく社会や環境によって，「偏見や差別の心」が生まれたり，なくなったりする。障害理解教育が，幼児から成人にわたって必要である理由が，そこにある。

2　偏見や誤解が生じる原因

障害者に対する偏見の生まれ方には，以下の4つの要因が関係している。

❶ 障害者と直接的な接触経験によって生まれる偏見

私たちが街の中で障害者と出会う機会は，以前に比べてずいぶん多くなっている。駅，デパート，病院，役場，バスや電車の中，街角などで，言葉を交わしたり，障害者の様子を目にしたりすることは多い。しかし，出会う前に障害者に対して適切な認識をもっていない場合，直接的に接触することによってむしろ偏見が強まることがある。

例えば，障害者と接するうえでは配慮が必要になることが少なからずあるが，それを知らないで接触して，障害者に嫌な思いをさせた，あるいは自分が嫌な思いをしたと感じる健常者は多い。障害者とふれあい，お互いに理解し合うことはとても大切なことであるが，ふれあう前に障害や障害者に関するある程度の知識や認識をもっておくことが必要である。

「障害を理解するためには，とにかく障害者に会って話せばよい」という乱暴な意見を学校教育や地域の福祉イベントなどにおいてよく耳にするが，それは不適切であると言わざるをえない。イギリスを理解するためにはとにかくイギリスに行けばいいというのではなく，イギリスの文化やイギリス人と接する際のマナーについてまずは学習すべきである。同じように，障害を理解するためには，障害者の文化や生活，マナーなどについて，障害者とふれあう前に学習しておく必要がある。その学習も障害理解教育に含まれる。幼児期から障害理解教育を行うことによって，子どもが偶然に障害者に接していろいろなことがあったとしても，偏見をもつことを避けることができる。

❷ マスコミなどによる強調化に基づく偏見

最近では，テレビ，インターネット，新聞，週刊誌などのマスコミに障害者のことが多く取り上げられるようになった。その中には，いろいろな事件との関係で，障害者の奇行や非行の問題がクローズアップされることがある。そのような場合には，「障害者は怖い」といった偏見が生まれることになる。

また，マスコミでは，「障害者＝がんばる姿＝美談」といった，障害者を過度に賛美する取り上げ方も多い。このような場合には，「障害者は一生懸命努力して，貧しくても，健気に生きなければならない」といった見方が生まれる。同様に，私たちが障害者を街で見かけて，「この人はがんばっているんだなぁ。立派だなぁ。自分も負けないようにがんばらなくては」とすぐに感じてしまうことも，大きな偏見である。

マスコミは障害を強調して伝える傾向がある。話題づくりのためにある程度の強調化は避けられないのかもしれないが，「障害者は……だ」と視聴者や読者に感じさせる内

容は偏見を増長させるだけであり，好ましくない。いっぽう，最近では，製作に障害者がかかわったり，取材される障害者のニーズを尊重してつくられているドラマやドキュメンタリーが増えている傾向があり，喜ばしいことである。

❸ 知識不足（無知）に基づく偏見

障害者に関する適正な知識がない場合にも，偏見は生まれやすい。例えば，日本の高齢者の中には「障害者は前世に悪いことをした報いを受けている」とする考え方が残っているが，これも偏見である。あるいは「ウソをつくと目が見えなくなるよ」という脅し文句で親にしつけられた子どもは，街で目の見えない人を見て「あのおじさんはウソつきなんだ」と感じてしまう。この場合には，成長して正しい知識を得ることで偏見はなくなるが，目の見えない人に対する，何となくネガティブな（否定的な）イメージまでを，すべて取り去ることはむずかしい。家庭内で子どもに向けて発せられるしつけ言葉が障害理解を歪める可能性があることを指摘した研究（徳田，1996，1998）もあり，親や教師は十分に配慮しておかなくてはならない。

❹ うわさに基づく偏見

「ひとの口に戸は立てられぬ」というが，私たちも生活の中で，他者のうわさをすることがあるし，また他者からうわさをされて嫌な思いをすることもある。障害者に関しても，ひとのうわさになることがよくあり，その無責任な内容から周囲に偏見が生まれることがある。特に身近な人による口コミで伝わるうわさは，その正誤にかかわらず，強く信じられる傾向がある。その点についても，教師や親は十分に配慮しておかなくてはならない。

4 不適切な障害理解を生じさせる教育や活動の例

障害の有無にかかわらず，すべての者が同じ社会で生活することをあたりまえとする共生の考え方を身につけることの重要性が認識され，学校教育でも障害に関する内容が積極的に扱われるようになってきた。この流れを受けて，小学校，中学校で使用されている教科書や道徳副読本にも，障害に関する内容が高頻度で掲載されるようになってきた。共生社会をつくるうえで，子どもたちが障害に関する知識をもち，障害者を身近に感じるようになることは喜ばしいことである。しかし，学校で教えられる内容が，子どもたちの適正な障害観の形成にとって必ずしも有効とはいえない現状がある。むしろ不適切な認識をもたせてしまうことさえある。

ここでは，学教師活動において陥りやすい不適切な障害の取り扱い例について具体的に説明していきたい。

1　障害者の苦労・苦悩の強調

　学校教育や福祉イベントで，障害者に対する援助行動を発現させるために，「思いやりの心の育成」という，わかるようで実はよくわからない，あいまいな目標が据えられることがある。その際に，教師の多くは，思いやりの心の育成には，障害者が感じている苦労や困難を理解することが必要であると考える。つまり，障害者に手を差しのべられる人間を育成するためには「障害者がどれほど苦労しているか」ということを感じさせ，「助けてあげたい」という気持ちを育てなければならないと考える。教師が教育熱心であればあるほど，障害者がいかに苦労しているかが強調されて伝えられることになる。

　また，障害者が講話や手記の中で苦労を強調してしまう理由として，教師だけでなく，社会全体が障害者の苦労話を求めているということがある。特に，子どもたちが生活のうえで体験していること，例えば歩いたり，本を読んだり，歌を歌ったりすることに障害者が苦労をしているという話は，年齢の小さな子どもたちにも理解しやすい。言いかえれば，障害者の苦労話は子どもたちに受け入れられやすいのである。

　さらに，障害者の苦労話はマスコミなどを通じて広く伝えられており，「障害者は苦労している」というステレオタイプが世の中につくりあげられている。障害者は障害があるために多くの人たちがしないような苦労をし，一生懸命に努力をした結果，小さな幸せを手にするといった「障害者の苦労の方程式」が多くの人の心の中にある。

　しかし，このような苦労話が受け入れられる背景には，「こんなに苦労している障害者に比べたら自分は恵まれている」と実感させる栄養ドリンクのような役割があることを意識しておかなくてはならない。

　また，「障害のある人たちはこんなに苦労して生きていることを思うと，君たちはもっとがんばれるはずだ」という話を教師が子どもにすることがあるが，それは，「障害者は能力が低いのにがんばっているのだから，君たちはもっとがんばれる」，あるいは「障害者は苦労して生きていくのは仕方がないことである」と子どもに伝えているようなものであり，偏見のもとになる。

　このように，思いやりの心の育成を教育目標に掲げると，教師はどうしても苦労を強調したくなる。さらに言えば，それ以外に心を育てる方法を思いつけない。しかし，子どもたちの心に訴えようと，苦労を強調するばかりで，本来伝えなくてはならない，障

害者の日常生活の様子や生活の中の喜び，援助のメリハリ（援助すべきところとそうでないところがあること）などを伝えられていないことが多い。

あたりまえではあるが，実際には，障害者は苦労ばかりしているわけではない。友達と買い物に行ったり，スポーツを楽しんだり，カラオケで熱唱したり，やりがいのある仕事に取り組んだりと，それぞれに人生を楽しんでいる。それにもかかわらず，教師から伝えられる「障害者＝苦労」という図式が，障害者の生活そのものを暗いイメージにしてしまっている。

2　美談仕立てのストーリー

「四肢マヒの子どもが障害を乗り越えて」「たとえ目が見えなくても努力を続けて」といったフレーズは，テレビ，新聞，雑誌など，さまざまなマスメディアに登場する。マスコミが障害について取り上げる際には，苦労の強調だけでなく，「障害者はがんばって，障害を乗り越えて生きている」という論調の美談仕立ての内容を扱うことが多い。それは，人々の多くがこのような成功物語を求めているからである。障害者の美談を聞いて，「こんなにつらい思いをしている障害者だって，障害を乗り越えて必死にがんばっているのだ。自分ももっとがんばれるはずだ」と自分を奮い立たせるのである。

しかし，美談仕立てのストーリーは，子どもたちの障害者像を大きく歪めかねない。「障害者＝障害があってもがんばって健気に生きている存在」と，ひとくくりにとらえられてしまうからである。この歪みは，障害者の生活をとても窮屈にしてしまう。障害者のだれもが常に努力をしている存在にはなりえないのであるから。

3　取り上げる障害者の偏り

昭和の時代には，多くの教科書や道徳副読本に，障害に「打ち勝った」偉人として，ヘレンケラーや野口英世博士が紹介されていた。平成になると，乙武洋匡さん，水泳選手の成田真由美さん，地雷撤去活動中に地雷に接触して右手・右足を失ったクリスムーンさん，画家の星野富弘さんが多く掲載されるようになった。特に乙武さんは，同じ時期に小・中学校の国語，社会，英語，公民などの教科書や道徳副読本に登場し，児童生徒からすると，複数の教科書や副読本に，乙武さんがほとんど同じ内容で載っているという状況があった。

障害のとらえ方として，現在，主流であるのは，「障害は乗り越えるものではなく，また打ち勝つものでもなく，障害者は障害とともにあるものである」という考え方であ

る。つまり，ひとは自分の能力，容姿，境遇，家族，そして障害を受容し，それとともに生きていくものであるという考え方である。

例えば，車いす使用者が長い坂の上にある図書館に毎日苦労しながら通って研究論文を書くという状況を考えてほしい。かつては，毎日長い坂道を車いすで登っていくことに価値がおかれ，その点を世間は称賛していた。しかし現在では，障害者が車での送迎を依頼したり，自宅で本を読めるように図書館に交渉したりして，研究論文を書くことにエネルギーを集中できるようにすることが重要であるという考え方が主流になっている。

このように，歯を食いしばって，がんばって，自分の障害を補っていくような生き方をよしとするのではなく，障害のためにできないことは機械を利用したり，ボランティアの人に支援してもらったりして解決し，自分が本当にやりたいことに，より多くのエネルギーを注いでいけるようにすることが重要であると，考えるべきである。

しかし残念なことに，教科書や副読本では障害のある偉人たちが依然として「障害に打ち勝った人」として扱われており，困難に打ち勝って進むことの価値が，障害者を例に説かれているという状況がある。

4　教科書・副読本における内容の偏り

小・中学校で使用されている教科書の中で，障害に関する内容がどのように扱われているのかについて分析した研究がある（水野ら，2006）。その結果，社会科や生活科では，次のように，障害に関する適正な認識を形成するうえで有効であると判断される内容が含まれていた。

・学校での子どもたちの様子や町で生活する人々を表す挿絵の中に障害者が描かれている。
・障害者が暮らしやすい社会にするための施設・設備が紹介されている。
・人権問題を扱う中で障害者に対する差別を禁止する内容が扱われている。

そのいっぽうで，国語や公民の教科書では，障害者やその家族の苦労・苦悩を強調しすぎたり，がんばっている障害者を紹介する教材の割合が高い傾向があった。

また，水野・徳田（2012）は，小・中学生用の道徳副読本十数冊を分析して，副読本における障害に関する内容の扱われ方に以下の問題点があることを確認した。

・肢体不自由と視覚障害を扱った内容が多く，障害の種類に偏りがある。
・障害者が支援を受けるべき対象として描かれている資料が多い。
・障害を克服して偉業を成し遂げた障害者を扱っている資料が多い。

・障害者やその家族の苦労や苦悩を扱っている資料が多い。

　これらの教科書や道徳副読本で学んだ子どもたちが，教科によって障害のとらえ方がさまざまであることにとまどいをもつであろうことは否めない。また，国語の教科書や道徳副読本の多くは，「障害者＝苦労しながらもがんばる人」という図式を伝えており，適正な障害観を形成できるとは言いがたい。

　さらに，国語や英語の教科書の中には，例えば，「視覚障害者は健常者よりも聴覚や触覚が鋭敏である」と記述されていたり，「障害者は周りの人の心の中が読める」などと書かれているものがあり，障害者の能力を誇張している教材の多いことが確認されている。これらは明らかな誤りであり，子どもたちは障害者には特別な能力が備わっていると誤解してしまうことになる。なお，これらの記述が誤っていることは，これまでの多くの科学的な研究によって確認されている。

5　安易なシミュレーション体験の実施

　学校や福祉イベントなどで，目隠し歩行体験や，車いす体験といったシミュレーションが頻繁に行われている。子どもたちは，そのような体験をすることによって障害を理解した気持ちになるが，「目隠しをして歩けば視覚障害者の気持ちがわかる」「車いすに乗れば使用者の心理を理解できる」というのは「まやかし」である。むしろ障害観を歪めているという皮肉な実態がある。

　現在，日本のかなりの小・中学校で障害のシミュレーション体験が行われているが，それらのほとんどは障害理解教育として不適切な実施の仕方であると推測できる。

　それらは，どのような点で不適切であるのか。

a. 授業時間に合わせた短時間の体験であるために，目隠し歩行であるならば恐怖と不安だけを感じ，車いす体験であれば遊びで終わってしまっている（Ono, 2013）。
b. 体験することそのものが授業の目的になっている。本来であれば，体験を通して，障害者の生活を知り，工夫を知り，知ったことをもとに，社会はどうあるべきか，自分ができることは何かということを子どもたちに考えさせなければならない。しかし，体験した子どもたちは口々に「不便なことがわかった」と言い，教師はその先に発展させようとしない。つまり，体験して，不便や怖さを感じて，「障害がある人はこんなに大変なんだ」と言わせることが目的になっている。
c. 点字や手話を体験する場合，それらを使う視覚障害者や聴覚障害者の生活，生きがい，価値観，支援の方法などを児童生徒に考えさせなければならないが，実際には手話コーラスを上手に行うこと，点字の成り立ちや構造を覚えることで学習は終わってし

まうことがほとんどである。

d. 車いす体験では段差などのバリアの発見が目的になりがちである。学校内の，あるいは地域内のどこに段差があり，また通行するうえでの障害物がどこにあるかを調べることで終わってしまうことが多い。重要なのは，それをどうすれば解消できるか（物理的な面と人による支援の面から），自分には何ができるかについて，それぞれに考えさせることである。

　障害のシミュレーション体験が，害ばかりで何の効果もないというわけではないが，障害理解教育として効果を上げるためには，教師がかなり計画的に進めていかなくてはならない。体験をしたら，その体験から得た知識（体験知）を材料に「考え」，それをもとに「態度を形成」し，その後の「実践的行動」にいかに結びつけていくかが重要なのである。体験至上主義に陥ることなく，ほかの教科の授業と同様に，十分な事前と事後の指導を行うことが必要になる。

6　盲導犬，点字，手話，車いすの学習の仕方

　障害理解は，障害にかかわるすべての内容を学習の対象にしている。この中でも，盲導犬，点字，手話，車いすは，子どもたちに親しみのある内容であるため，障害理解教育の題材として欠かすことができないものになっている。特に幼児や小学生を対象にする場合は，子どもの年齢や発達段階に合ったわかりやすい内容を取り上げる必要があり，また子どもが興味をもって学べることがポイントになることからも，盲導犬と手話は障害を学ぶ際の導入に適している。

　しかし，これらを学びさえすれば，障害や障害者のことを理解できるというわけではない。盲導犬，点字，手話，車いすは障害者の生活上の道具であり，障害理解の対象のごく一部である。これらの学習をしたというだけで，障害や障害者の多様性を子どもたちに理解させることはできない。段階的にねらいを達成していくことが必要である。

7　不適切な内容の障害者の講話

　あるとき，70歳ぐらいの中途失明者が，小学校の体育館で，全校児童を前に行った講話を聴いたことがある。20年ほど前に病気で失明して，生きる気力を失って，自殺未遂を4回もしたという話であり，話の大筋は，4回の自殺未遂の方法を具体的に話したものであった。小学生に聞かせるべき内容ではなかったし，聞いていた子どもたちも興味はなさそうであったが，教師は「障害のある人の苦労がよくわかるすばらしい話だっ

た」と評価した。

　障害理解の授業において最もよい方法は，実際に障害者の話を聞かせることであると考える教師は多い。しかし，障害者を学校に招く場合には，事前に授業の目的を話して理解してもらい，どのような内容の話になるかを十分に検討してから本番に臨むべきである。また，講話の内容から子どもが誤解をする可能性があると感じたならば，後日，子どもたちに対してフォローしておく必要がある。もちろん講演謝礼や交通費についても事前にきちんと示して了承を得ておかなくてはならない。

　自分に障害のある知り合いがいない場合には，だれか（市役所の福祉関係部署や障害者団体など）に依頼して紹介してもらったり，あるいはマスコミに出ている有名な障害者に依頼したりすることもある。

　私の研究室にも，どこに依頼してよいかがわからなくて困った教師から「障害者の話を聞きたい」と連絡が来ることがよくあった。多くの場合は，①＊月＊日（ほとんど平日）の＊時から＊＊小学校で「障害者のお話をうかがう」という行事をするから，だれかを紹介してほしい，②できるだけいろいろな障害者（車いす使用者，聴覚障害者，視覚障害者，盲導犬使用者）に来てほしい，③学校行事で予算はほとんどないので了承してほしい，などの条件が出される。依頼してくる教師にそのような意識はないのであろうが，依頼される側の立場としては，「障害者を学校に呼んであげるから，謝礼や交通費がほとんど出なくても，平日に何とかやりくりして来校して，教育の役に立ってほしい」という学校側の傲慢さが見え隠れするように感じられる。

　もちろん，障害者の中には自ら「教材」となり，子どもたちの前に立ってくれ，障害理解教育の活動の中心として活躍している人もいる。そのような人は，講話の前に教師と十分に相談して，その授業の目的を深く理解したうえで聴衆に合わせた話し方で講話をしてくれる。しかし，そのような意識をもっている人は少数であるし，すべての障害者にそれを求めることはできない。

8　評価を意識して子どもたちが本音を言えない

　障害者をどうとらえるかということについて，望ましい回答はほぼ決まっているようにみえる。少なくとも学校で教師は，「気持ちが悪い」「きたない」「＊＊ができない」「かわいそう」といった，正直ではあるが，ネガティブな発言をする子どもをたしなめ，封じ込めようとする。そのため，小学校低学年のころには，感じたままに発言していた子どもでも，そのたびに教師から強くたしなめられることによって，なぜ自分の考えは間違っているのかを考えることなく，教師や親が求める「社会的に望ましい回答」をしだ

いに口にするようになっていく。「障害がある人も友達です」「障害がある人は私たちよりもずっと努力していると思います」などの発言がその例である。

前述したように，障害をネガティブにとらえた発言は，子どもが障害に目を向けていることを示しており，障害のことを自分の頭と心でとらえるきっかけになるはずである。それを封じ込めてしまう指導は不適切である。

また，親子が街の中を歩いていて，たまたま障害者を見かけたとき，幼児であれば障害のある人をじっと見てしまうことがある。なぜ見るかといえば，自分とは異なるからである。見慣れていないから見てみたいのである。しかし，大人は「障害がある人をじろじろ見てはいけない」というマナーを身につけているので，見たいという気持ちを押し殺して，ちらっと見る程度ですます。そして，子どもにも「そんなにじろじろ見てはいけません」と，理由を話すことなく行為だけを叱る。これをマスキングとよぶ。そういうことが何回か続くと，子どもは「ああいう人を見てはいけないんだ」ということだけを学習してしまう。

教師や親が障害のことを子どもからマスキングしてしまうと，子どもはネガティブな本音を隠して，社会的に望ましい発言だけをするようになる。社会的に望ましい発言は教師や親からほめられるので，ますます強化されていく。本音では障害者のことをかわいそうだと感じながら，いっぽうで「障害者はかわいそうな存在ではなく，私たちと一緒にこの社会をつくっていく対等な立場の人です」と発言する。子どもがこのような意識になってしまうことを，障害観の二重構造化とよぶ。

これを防ぐためには，子どもから「障害者はかわいそうだ」などというネガティブな発言があった場合に，なぜそう思うのかを考えさせ，表現させ，また調べたり，いろいろな人の話を聞かせたりして資料を集めさせ，そのうえで再度，障害者はかわいそうかどうかを考えさせて表現させる。このことを学年が上がっても何度も繰り返していくことで，障害理解の能力が，算数などの学力と同じように身についていく。

子どもたちが教育の場で，障害者に関して自分が感じたことをそのまま表現できることが，障害理解教育の第一歩である。障害者に対してネガティブな発言があったとしても，頭ごなしに叱るのではなく，表現の仕方に問題があるのであればそれを修正させ，また考え方に問題があるのであればその場で解決を図るのではなく，計画的な指導の中で時間をかけて学ばせていくことが重要である。

9 「同情してはいけない」「障害がある人もない人も同じだ」と説く

多くの人は，学校や家庭で「障害者をかわいそうだと思ってはいけない」「障害者も

健常者もみんな同じ」と教えられた経験があるはずである。しかし，このような言葉は，子どもの障害理解を歪めてしまう危険性が大きい。

❶ ひとから同情されることへの抵抗感はだれにでもある

　障害者，特に先天性の障害者は，自分のことをかわいそうな存在であるとは思っていない。それは，障害者の多くが，それぞれの生活を楽しんでいるからである。むしろ，自分の障害や自分自身のことを「かわいそうだ」と同情されることに強い抵抗を感じている。このように，同情に対して抵抗を感じるのはあたりまえのことであり，特に障害者に限られたことではない。だれでも，自分の容姿や年齢，行動，状態に対して同情されていると感じたときには「同情されるのは心外だ」「同情することは失礼だ」と感じる。自分の立場や状況を他人から同情されたとき，私たちは自分の存在をみじめに感じたり，相手が自分のことを理解していないと感じたりするのである。

❷ だからといって同情心は非難される感情か

　このように，ほとんどの人は，自分が同情されたいとは思わない。にもかかわらず，相手のつらそうな状況を見れば，「かわいそうだ」と思ってしまうことも事実である。同情心は，「自分がもし……だとしたらつらいだろう」と，相手の状態を自分におきかえてみることによって生じる感情であり，相手のことを理解しようとする過程において生じる重要な感情である。

　実際に，障害者を「かわいそう」と感じることは多い。それは，障害者が「できないこと」が多くあることを知るからである。例えば，車いす使用者は段差のある場所を移動することが困難であるために，行きたい場所にすぐに行けなかったり，入りたい店に入れなかったりする。そういった場面を目の当たりにすれば，「かわいそうだ」と感じることは自然である。多くの人は「自分に障害があったら耐えられない。あんな状態にはなりたくない」と感じ，「障害者はなんてかわいそうな人だろう」と思う。

　それでは，このように感じたり，障害者に同情したりすることはいけないことなのだろうか。前述したように，同情心というのは，相手に共感し，援助しようという態度が形成される過程において出現する重要な感情である。同情心そのものは，決して非難される感情ではない。子どもが障害者に同情することには大きな意味がある。しかし，同情心を安易に言葉や態度に表さないというのも当然のマナーである。自分の立場や状況をよく理解してくれている人から「かわいそうに」と声をかけられれば，自分のことを心配してくれているのだと理解できるが，状況を知らない人から「かわいそうに」と声をかけられれば，見下されているという不快感を抱くことになる。つまり，相手との関係，親密度，その場の状況などによって，その思いを伝えてよい場合と伝えずにおくべき場合がある。私たちはこの当然のマナーを守りながら，ひととの関係を築いていること

とを忘れてはならない。

❸「同情してはいけない」という教師の言葉がもたらすもの

　前述したように，「かわいそう」という感情は自然に出てくるあたりまえの感情である。しかし，現状では，教師や親はこの感情を最初から否定してしまう傾向がある。

　「障害者をかわいそうと思ってはいけない」という言葉は，障害者の存在に気づく段階で，児童生徒が障害について抱いた感情をたしなめるために用いられることが多い。つまり，「障害者をかわいそうだと思うことは偏見や差別であるから，そのように思ってはいけない」ということである。しかし，「もし自分に障害があったらつらい。だから障害者はかわいそう」という子どもたちの感情は，障害者に対する差別などではない。この感情は，障害を知らないからこそ抱くものであり，むしろ障害を理解するための第一歩である。

　この感情を否定されてしまうと，子どもたちは障害者に対して背を向け，感情を封印するようになる。「障害者を見て，かわいそうだと思ってしまう自分の心は何て汚れているのだろう」と自分を責めることになってしまう。そして，そのうち「障害者はかわいそうではない」と言えば，自分が非難されることはないと考えるようになる。そうなると，「自分はなぜかわいそうと感じたのか」「なぜその感情を否定されたのか」といった疑問について考えることもなくなってしまう。

　ある中学校の教師は次のように述べている。

　――「障害者をかわいそうと思ってはいけない」「障害は個性である」といった言葉は，障害について考えることをやめさせてしまう言葉であると感じる。この言葉だけで子どもたちはわかったような気になり，その後，障害について深く考えることをやめてしまう。「かわいそう」と思うことから理解は始まるのであり，それを否定する現在の教育は間違っている。――

　教師は，子どもが「障害者はかわいそう」と感じる気持ちを否定したり，「かわいそうと思うのは差別的である」などと，一方的に考えを押しつけたりしてはいけない。しかし，だからといって，「障害者はかわいそう」という感情のまま子どもを放置しても，障害理解が深まることはない。子どもが「障害者＝かわいそう」と，ひとくくりに結びつけることのないように教育していかなくてはならない。また，同情心をそのまま表現すると相手はどのように受けとめるのか，障害者との人間関係のとり方について，具体的に説明する必要がある。

❹「みんな同じ」という教師の言葉がもたらすもの

　「障害者も健常者もみんな同じ」という言葉は，障害者の存在に気づき，疑問をもつ段階（障害理解における「気づきの段階」）の子どもに向けて発せられることが多い。

障害についてよく知らない段階では，障害者と自分が異なるという気づきや，なぜ異なるのかといった疑問が出てくる。当然，子どもは，障害者と自分との違いに気づいたときから，障害者と自分のどこがどう違うのか，なぜ違うのかについて，さまざまな疑問を抱くようになる。この疑問は障害理解を深めるために欠かせないものである。

　しかし，多くの教師や親は，このような「障害者は自分と違う」という子どもの気づきを，「同じだ」と言って否定してしまう。このように否定されれば，子どもは混乱するとともに「違う」と感じた自分の心を責められているように感じる。否定されることが何度か続くと，その子どもは徐々に障害者と自分との違いを口にすることがなくなっていく。

　障害者について，子どもが「自分とは違う」と感じる点は多い。教師はその違いを覆い隠すのではなく，逆に，子どもたちに違いの意味を教えていかなければならない。そしてその際には，健常者との違いを子どもがマイナスにとらえないように導く必要がある。肌の色，容姿，行動，コミュニケーションのとり方などが違っていても，人間としての価値は同じであることを教えるべきであるのと同じである。

第 2 部

実践編

1．身体障害に関する理解教育

2．発達障害・知的障害に関する理解教育

1 身体障害に関する理解教育

1　身体障害の基礎知識

❶ 視覚障害について

　視覚障害者と聞くと，まったく目の見えない人を想像することが多いが，実際にはまったく見えない人から，ある程度の視力をもち，健常者と同じように印刷された文字を読んで生活している人までいて，幅が広い。まったく目の見えない状態を「全盲」というのに対して，ある程度の視力はあるが，視機能が弱いために視力を用いてはっきりととらえることができない状態を「弱視」という。弱視は，あまり一般の人に認知されていない障害であるが，実は視覚障害者の約7割を占めている。

　全盲も弱視も，視覚によって情報を取り入れることに困難がある点は共通しているが，異なるのは文字の読み書きの手段と移動方法である。全盲の人は点字を読むが，弱視の人は，一般の人と同様に，紙に印刷された文字に顔を近づけたり，それを拡大して読んでいる。移動をする際には，全盲の人は白杖や盲導犬を使用して歩くか，手引き者にガイドされて歩くが，弱視の人は白杖や盲導犬は使用せず，自分の目で周囲の状況を確かめながら歩いている。全盲の人は一見して障害があることがわかりやすいが，弱視の人は一般の人からは障害があることに気づかれにくい。

　視覚障害者は，日常的に，聴覚や嗅覚，触覚などの，視覚以外の器官を上手に利用して生活している。例えば，「りんご」と「なし」では，形状は同じであるが，においや表面の手ざわりで違いを見分けている。「視覚障害者は勘が鋭い」「目が不自由な分だけ，ほかの器官が発達している」と思われることがあるが，これは誤解である。視覚障害者は視力による情報収集が難しいために，ほかの器官を利用する方法を訓練して身につけているだけである。点字が読めるのはそのような訓練を受けたためであり，視覚障害者には健常者にはない特別な能力が備わっているわけではない。これらのことを教師は十分に認識しておく必要がある。

❷ 聴覚障害について

　聴覚障害者には，まったく音が聞こえない人から，大きな音（ガード下で電車が通るときの音や自動車の警笛など）ならば聞くことができる人までいる。聴覚障害者は音楽を聴かない，カラオケに行かないと思われることが多いが，必ずしもそうではない。多少の音が聞こえる聴覚障害者の中には，大音量で音楽を聴き，体でそのリズムや音，振

動を楽しんでいる人がいる。

　また，聴覚障害者のコミュニケーション手段には，①手話，②口話（相手の口の動きを読んで，話している内容を理解する方法），③筆談（紙などに書いて伝える方法），④ジェスチャーの4種類がある。聴覚障害者は手話を使用してコミュニケーションをとっていると思われることが多いが，実際には聴覚障害者の中で手話を使用している人はそれほど多くない。基本的には，口話や筆談，ジェスチャーを組み合わせて話をしている。

　口話で話をする際には，健常者は口の形を聴覚障害者によく見えるようにして，文節ごとに区切って話すようにすると，聴覚障害者は話の内容を理解しやすい。ただし，「たまご」と「たばこ」というように，口の形が同じ場合には，紙に書いたり，ジェスチャーをつけたりする工夫が必要になる。

　このように，聴覚障害者とのコミュニケーションは，健常者が日常的にしているコミュニケーションの方法に少し配慮をしているだけにすぎない。しかし，聴覚障害者に話しかけられた健常者が，「手話ができない」といった理由で，その場から立ち去ってしまうことがある。聴覚障害者とのコミュニケーションの方法についての知識が健常者にあれば，このような残念な現象は起こらない。

❸ 肢体不自由について

　肢体不自由とは，上肢（両腕），下肢（両足），体幹（胴体）のいずれかに欠損やまひがあるために，思うように動かせない状態をいう。ただし，この状態が長く続く場合を指すのであって，けがや病気によって一時的に体の一部を動かせない場合には肢体不自由とは考えない。

　下肢に障害があり，移動に困難が伴う肢体不自由者の多くは，車いすやクラッチ（杖）を利用する。車いすは，地面に3cm以上の凹凸があると，キャスター（前輪）がひっかかり，立ち往生したり進みたい方向に行けなかったりする。網目の大きいグレーチング（側溝の蓋），踏切の線路などで車いす使用者が立ち往生するのは，そのせいである。また，車いす使用者が通行するには，最低80cm以上の幅が必要になる。しかし，歩道に自転車が放置されていたり，露店が出ていたりするために，車いす使用者が通行できなくなってしまうことがしばしばある。一般の人々が歩道上に障害をつくらないように気をつけていかなくてはならない。

　さらに，車いす使用者は座位であるため，健常者よりも視点が低いうえに，手に届く範囲が限られている。そのため，高い棚に置いてあるものが見えなかったり，自動販売機のボタンに手が届かなかったりするなど，移動以外にも，日常生活で支障がある。最近では，車いす使用者が押しやすい位置にボタンがあったり，お釣りや商品などが腕の高さに出てくる自動販売機が増えてきている。肢体不自由者が快適に使用できる機器が

広がることによって，肢体不自由者の生活の幅が大きく広がることになる。

2　身体障害に関する理解教育の段階

　障害理解の5段階（p16，表1-1参照）を，身体障害に関する理解教育ではどのように進めていくかについて，36ページの表2-1にモデルを示した。

　身体障害に関する理解教育で最初に教育する内容は，自分とは違う特徴がある人が世の中にいることを知り，親しみをもつように促すことである。これは，障害理解の5段階のうち，第1段階の「気づきの段階」を意識した指導である。この指導は，幼児期や小学校低学年の子どもを想定している。

　なぜ，この時期からの理解指導が必要であるかといえば，幼児期の子どもは，徐々に自分と他者との違いに気づくようになっており，街の中で自分とは違う特徴のある人を見たときに，違和感をもったり，疑問を感じたりするようになることがその背景にある。この際に，視覚的に障害者を見慣れることによって，ファミリアリティ（親しみ）が高まり，違和感がなくなるのである。

　また，幼児は「ご飯を残すと目がつぶれる」「机に登ると足が曲がる」など，悪いことをすると障害者になるというしつけ言葉を日常的に耳にしていたり，「善い行いをするとよいことが起こる」というハッピーエンドに慣れていたりするため，「よい子にしていれば障害が治る」「障害者は悪いことをしたから治らなかった」と考えたりすることがある。年齢が高くなれば，これらの考えが間違いであることは子ども自身でわかるようになるが，障害者に対して何となく抱いたよくないイメージはずっと残ってしまう。そのため，幼児期に，障害は永続すること，行動の善悪と障害は関係しないことの指導を行い，障害に関するネガティブな印象をもたせないことが必要である。

　次に，障害理解の第2段階「知識化の段階」として，「障害者が使用するアイテムを紹介するとともに，そのアイテムはどのような人が使用するのか」を伝えていく。年齢の小さな子どもたちでも，盲導犬，手話，車いすなどのアイテムや，それを使用する障害者を想像しやすいことから，関心を高くもちやすく，かつその関心が持続する内容である。

　それに引き続き，「障害があっても工夫をすれば障害のない人と同じように生活できる」ことを伝える。これは，「車いすの人は自分の力だけでは何もできない」「目が見えない人には，何でも手伝ってあげなくてはならない」などのように，障害者は自分でできることが少ないと，子どもがとらえていることを修正するためである。この内容を伝えることによって，障害者も工夫をしたら自分たちと変わらないようにできることを認

識させることができる。

　その後，障害者と共に生きる社会をつくるために必要とされる知識として，「障害者が日常生活で困ること」を具体的に知りながら，「障害者の生活上の工夫」を学んでいく。この段階では，「障害者が日常生活で困ること」を知識として知るだけでなく，「もし，自分や身近な人がそのような状況になった場合にどのように感じるか」を具体的に考えるように導く。つまり，第2段階「知識化の段階」に加え，障害理解の第3段階「情緒的理解の段階」に入っていく。

　障害者は日常生活のどのようなことに困り，周囲の人にどうしてもらうと助かるのか，逆に迷惑なのか，さらに環境がどうなっているとその不便が解消されるのかを知る。ここでは，自分たちがあたりまえのようにできていることを障害者ができないことを知って，不公平感をもち，自分たちの行動や環境を変えていかなくてはならないという認識を形成するねらいがある。

　障害者がどのようなことで困っているのか，何が苦手であるのかを具体的に学んだ後は，「障害者に対する援助方法」を知るようにする。それが障害理解の第4段階「態度形成の段階」である。例えば，視覚障害者が道に迷っていた場合に，どのように手引きをすればよいのかといった，障害者が生活しやすくなるための正しい援助の方法について実践を通しながら知る。すなわち，「体験知」を得る段階である。このような学びを通して，子どもたちは「障害者と共に生きることに対する考え方」を深めていくことができる。こうして，障害理解の第5段階「受容的行動の段階」に無理なく進んでいくことができる。

表2-1 発達段階に沿った身体障害に関する理解教育のねらいと授業計画

授業のねらい				
				同じ社会の一員として尊重し合う
				障害者に対する援助方法を知る
			障害者の生活上の工夫を知る	
			障害者が日常生活で困ることを知る	
		障害者が使用するアイテムとその使用者に関する理解		
	障害の永続性を知る			
	障害があっても工夫をすれば障害のない人と同じように生活できることを知る			
自分とは違う特徴のある人が存在することを知る				

<障害理解の発達段階>

気づき → 知識化 → 情緒的理解 → 態度形成 → 受容的行動

	幼児期	小学校低学年	小学校高学年	中学校
授業計画	①世の中には自分とは違う特徴のあるさまざまな人がいる	④見えなくても，わかることがたくさんある【視覚障害】	⑩点字の触読体験【視覚障害】	⑯点字ブロック上の障害物【視覚障害】
	②障害者は工夫や支援があれば，自分たちと変わらない生活を送れる	⑤盲導犬とその使用者【視覚障害】	⑪聴覚障害者とどのように話をすればよいのか【聴覚障害】	⑰みんなが話している内容がわからないと疎外感がある【聴覚障害】
	③よい子にしていることと障害は関係がない―障害の永続性―	⑥手話とその使用者【聴覚障害】	⑫後ろから声をかけられたり，耳元で大きな声を出されると困る【聴覚障害】	⑱視覚障害者の手引きの仕方【視覚障害】
		⑦車いすとその使用者【肢体不自由】	⑬自分たちが生活する町の中のバリアと工夫【肢体不自由】	⑲車いす使用者に対する介助方法【肢体不自由】
		⑧音声に頼らずに情報を得るための方法【聴覚障害】	⑭視覚障害者のための生活上の工夫【視覚障害】	⑳障害のある人と共に生きるために【聴覚障害】
		⑨車いす使用者は障害物や段差に困る【肢体不自由】	⑮肢体不自由のある人が日常生活で行っている工夫【肢体不自由】	㉑障害者は社会参加を阻まれることがある【肢体不自由】

注）授業計画の番号は，次ページ以降の指導案に対応。

1 世の中には自分とは違う特徴のあるさまざまな人がいる

水野智美

写真やイラストを見せながら自分とは違う特徴のある人の存在に気づかせます。

■幼児の様子
- 子どもたちは，性別の違いなどから，ほかの人と自分との特徴の違いに気づくことが多くなっている。車いすや盲導犬を使用している人，手話を使用して話をしている人などを見かけた際にも，興味をもったり，逆に違和感をもったりして，じろじろ見たり，質問をしたりすることがある。
- そのようなときに，「見てはいけない」「質問をしてはいけない」などと，大人からたしなめられることが多いために，障害のある人を見たり，疑問をもったりするのはいけないことだと感じている。

■この指導のねらい
- 背の高い人や低い人，メガネをかけている人とかけていない人がいるように，世の中には自分とは異なるさまざまな特徴のある人がいることを知る。
- 自分とは異なる特徴のある人を見慣れ，違和感をもたないようにする。

■この指導で陥りやすい誤り
☆「障害のないみんなはがんばらなければならない」と伝える
- 障害のある人の話をした後に，「みんなは目が見えたり，自分の足で歩くことができるから，みんなは幸せだ」「そのため，みんなは，わがままを言わずにがんばらなくてはいけない」などと伝えてしまうことがある。このように話すと，子どもたちは障害のある人を「かわいそうな存在」とみなしてしまうことになる。

指導案①

「世の中には自分とは違う特徴のあるさまざまな人がいる」

幼児向け／保育室など／約30分

	保育者のセリフ（●）／園児の反応（★）	備考
導入	1．犬を散歩させている人のイラストを見せる ●家で犬を飼っているお友達はいるかな？ 　★飼っているよ。／飼っていない。 ●この犬は，何をしているのかな？ 　★散歩しているよ。	・犬の散歩のイラスト。
展開	2．盲導犬を使用している人のイラストを見せる ●じゃあ，この犬は何をしていると思う？ 　★散歩している。 　★違うよ。この犬は，目が見えない人を連れて歩いているんだよ。 ●よく気づいたお友達がいるね。この犬は，みんなが家で飼っている犬とは違って，ペットじゃないんだよ。 ●この犬は「盲導犬」といって，目の見えない人が外を歩けるように手助けをしてくれる犬なのよ。この人は，散歩をしているわけじゃないのよ。 ●盲導犬を見たことがある人はいるかな？ 　★デパートの前にいて，募金したよ。 　★テレビで見たことがあるよ。 ●散歩をしている犬と盲導犬はどこが違うかな。 　★犬の大きさが違う。／盲導犬は犬の体にひもがついている。 ●そうだね。盲導犬は，ハーネスというひものようなものを体につけているのよ。これをつけているときは，目の見えない人が安全に歩けるように，お仕事をしていることを覚えておいてね。 3．車いすを使用している人のイラストを見せる ●じゃあ，このいすのようなものを使っている人を見たことはあるかな？ 　★病院で見たよ。 　★おじいちゃんが使っているよ。 　★スーパーに置いてあるよ。 ●そうだね。病院やスーパーに置いてあるし，家族の人が使っているおうちもあるよね。 ●じゃあ，これは何という名前か知っている？ 　★車いす！ ●正解です。「車いす」といいます。	・盲導犬使用者のイラスト ・盲導犬のコラム⇒p57 ・犬を散歩させているイラストと盲導犬使用者のイラストの両方を提示する。 ・車いす使用者のイラスト ・車いすのコラム⇒p127

	●では，どういう人が車いすを使っているのかを知っているかな？ 　★おじいちゃんやおばあちゃん。／病院にいる人。 　　けがをした人。／歩けない人。 ●いろいろな意見を出してくれました。車いすは，けがをした人やおじいちゃん，おばあちゃんも使いますが，足がなかったり，歩くことができない人が使います。けがや病気をして，少しの間だけ使っている人もいれば，ずっと使っている人もいます。 **4．自分とは違う特徴がある人が世の中にいることに気づかせる** ●いま先生は，目が見えなくて盲導犬を使っている人や歩けなくて車いすを使っている人を紹介しました。 ●そのほかに，体のどこかが，みんなと同じじゃない人がいることを知っていますか？　どういう人がいますか？ 　★手がない人。／メガネをかけている人。 ●この中で，お父さんやお母さんがメガネをかけている人はいますか？ ●メガネは目がよく見えない人がかけていますね。でも，メガネをかけたら，見えるようになりますね。 ●手がない人や足がない人もいますね。そのほかに，髪の毛の色や肌の色がみんなと違う人もいますね。街の中をよく見ると，みんなとは身体のどこかがちょっと違う人がたくさんいます。	・車いすを使用する人の特徴として適切ではない回答を子どもが答えた場合は，「その人が歩けなかったのかもしれないね」などと，さりげなく子どもが正しく認識できるように伝える。
まとめ	**5．振り返り** ●みんなは目が見えるし，歩くことができますね。今日は，目が見えなかったり，歩くことができない人がいることを紹介しました。明日は，その人たちがどうやってみんなと同じように生活しているのかをお話ししようと，先生は『やぁ，すてきななかまたち！』という絵本を用意しました。楽しみにしていてくださいね。 『やぁ，すてきななかまたち！』 　ブラウン作，オーティス写真，偕成社編集部訳，偕成社 《あらすじ》学校や幼稚園の中にいるさまざまな障害のある子どもたち（車いすに乗っている子ども，歩行器を使って歩く子ども，耳の不自由な子ども，目の見えない子どもなど）の日常生活を紹介している写真絵本である。それぞれの子どもたちは，車いす，補聴器，点字などを用いながら，障害のない子どもたちと同じように楽しんだり，怒ったり，泣いたりしながら生活していることが描かれている。また，この作品の中で，みんなそれぞれ少しずつ違いがあることはあたり前で大切なことであると伝えている。 	・自分とは違う身体的な特徴のある人の生活を紹介した絵本を見せ，次回につながるようにする。

■この指導で押さえておくべき障害に関する知識
- 視覚障害のある人には,盲導犬のほかに白杖(はくじょう)を使用している人がいる。
- 歩行に困難がある肢体不自由のある人は,車いす以外にクラッチ杖を使用している人がいる。
- さまざまな特徴のある人として,身体障害のある人に限らず,メガネをかけている人,目の色が違う人,髪の毛の色が違う人などがいることについても,押さえておく。

■幼児の反応と対応
- 子どもが障害のある人に違和感をもち,「怖い」「気持ち悪い」などのネガティブな意見をもつ場合がある。そのような感情を保育者が否定してしまうと,子どもはネガティブな感情を見せてはいけないという学習をしてしまい,保育者の前だけではそのような発言を控えるようになるが,実際には心の中にネガティブな感情が残ったままになる。
- そのようにならないよう,保育者は子どもの気持ちをしっかりと受けとめてほしい。例えば,「足がないのは怖い」などの発言には,「○○ちゃんは,怖い気がしたのね。みんなには足があるから,ないことを想像して,怖かったのね。でも,実際に足のないお友達に会ったら,どうかな。先生は仲よくしてみたいな」などと答えてほしい。

■使用した教材
- 一般の家庭で飼われている犬の散歩のイラスト

- 盲導犬使用者のイラスト

- 車いす使用者のイラスト

- クラッチ杖のイラスト

- 世の中にはさまざまな人がいることを知ることができる絵本
  (例えば『やぁ,すてきななかまたち!』(偕成社)など)

2
障害者は工夫や支援があれば，自分たちと変わらない生活を送れる

水野智美

ペープサートを使って，車いすの主人公「けんちゃん」と一緒に遊ぶ方法を考えます。

■幼児の様子
- 困っている友達がいると，手助けができる。しかし，何でも手伝うことがよいことだと考え，相手ができることも手伝ってしまうことがある。

■この指導のねらい
- 子どもたちは，「車いすの人は自分では何もできない」「目の見えない人は周りの人が全部手伝ってあげなくてはならない」など，「障害のある人はできないことが多い」と考えてしまう傾向がある。そこで，障害のある人はできないことがあるが，自分たちで工夫したり，周りからの支援があれば，自分たちと変わらない生活を送れることを子どもたちが実感できるようにする。

■この指導で陥りやすい誤り
☆「障害のある人は特別な能力がある」と思わせる
- 健常児から一目置かれる存在にしたいと考えて，障害のある子どもにはもって生まれた特別な能力があったという話を大人がしてしまうことがある。例えば，「目の見えない子どもは自分で絵本を読むことはできないため，いつも周りの友達に読んでもらっていた。しかし，あるとき，目の見えない子どもはその絵本の内容を暗記していたことがわかり，周りの子どもたちは目の見えない子どもを尊敬するようになった」などである。これは裏を返すと，特別な能力が備わっていなければ，障害のある子どもは周りの友達から認められないことになる。特別な能力がなくても，工夫をすれば同じように生活できるようになることを実感させたい。

指導案②

「障害者は工夫や支援があれば，自分たちと変わらない生活を送れる」

幼児向け／保育室など／約30分

	保育者のセリフ（●）／園児の反応（★）	備考
導入	1．車いすを使用する子どものペープサートを見せる ●今日は，けんちゃんという男の子のお話をします。 ●（ペープサートを見せながら）この子がけんちゃんです。 ●けんちゃんが使っている乗り物を何と言うか，知っていますか？ 　★車いす ●はい。そうです。車いすですね。 ●けんちゃんは，歩くことができないので，この車いすという乗り物に乗っています。でも，それ以外は，みんなと同じように遊んだり，幼稚園に通ったりしています。	・車いすを使用している男の子のペープサートを見せながら話す。 ・車いすのコラム 　⇒ p127
展開	2．車いすの子どもとの遊びを具体的に考えさせる ●もし，このクラスにけんちゃんが遊びに来てくれたら，みんなはけんちゃんとどんな遊びをするかな？ 　★お絵かき／折り紙／ブロック／なわとび／ボール遊び／トランプ…… ●みんなは，けんちゃんといろいろな遊びをしたいと思ったのね。まず，けんちゃんと鬼ごっこをすることはできるかな？ 　★できないよ。車いすだから，外に行くことができないから。／車いすだと，走れないから無理。／だれかがけんちゃんの車いすを押せばいいんじゃない。 ●鬼ごっこはできないと思った人とできると思った人がいますね。じゃあ，先生がいまからけんちゃんとテレパシーでお話ししてみます。 「けんちゃん，いま，○○組のみんながけんちゃんが遊びに来てくれたら，何をして遊ぼうかを考えているのだけど，けんちゃんは鬼ごっこをすることができますか？」 「うん。なになに？　どこに行っても，けんちゃんは車いすだから，鬼ごっこができないだろうと思われて，入れてもらえなかったのが寂しかったって……。なるほど。うんうん。それで，けんちゃんは自分で車いすを動かして走ることができるし，押してもらって仲間に入ることができるから，鬼ごっこができるのね。みんなと一緒に鬼ごっこをしたいのね。ありがとう。○○組のみんなに伝えるね。」	・ペープサートに向かって話しかけ，ペープサートから回答をもらうようなふりをする。

	●さて，みなさん，いまの話を聞いていましたか？　けんちゃんはみんなと一緒に鬼ごっこをしたいと言っています。 ●じゃあ，けんちゃんが鬼になったときに，みんなはつかまりたくないから，高いところに逃げてもいいのかな？ 　★だめだよ。高いところは，けんちゃんが登れないから。 　★そうだよ。だめだよ。高いところに登っちゃいけない。 ●いいことに気づきましたね。けんちゃんはみんなと一緒に走って鬼ごっこはできますが，すべり台の上やジャングルジムなどの高いところに登ることはできません。また，登っているお友達をつかまえることもできません。だから，けんちゃんと遊ぶときは，高いところに登らずに鬼ごっこをするという約束を守れば，楽しく遊べますね。 ●それでは，鬼ごっこ以外に，けんちゃんとどういう遊びができると思いますか。それで遊ぶときは，どうすればいいでしょうか？ 　★ブロック！　机の上で遊べばいいよ。 　★机の上に置けば，お絵かきも粘土も折り紙もできるよ。 ●床の上でブロックをしたら，どうしてけんちゃんは遊べないのですか？ 　★だって，けんちゃんは車いすに乗っているから，床に置いてあるブロックには手が届かないもん。 ●いいことに気がつきましたね。机の上に置いたら，けんちゃんも手が届くので，一緒に遊べますね。	・わざと車いすの子どもができないことを例に出して，なぜ車いすの子どもが遊べないのかを考えさせる。
まとめ	3．振り返り ●今日は，車いすのけんちゃんとどうやったら一緒に楽しく遊べるかを考えましたね。 ●では，先生がテレパシーでけんちゃんに，みんなが考えたことを伝えます。 　「けんちゃん。○○組のみんなは，鬼ごっこのときは，高いところに登らないという約束を守って，遊びたいって言っているし，ブロックや粘土，折り紙もしたいと言っているよ。今度，遊びに来てくれるかな。」 　「うん。うん。みんなが，どうやったら一緒に遊べるかを一生懸命に考えてくれたことが，けんちゃんはとてもうれしいのね。今度，遊びに来てくれるって？　うれしいな。○○組のみんなに伝えておくね。」 ●先生とけんちゃんとの話を聞いていたかな。けんちゃんが遊びに来てくれるといいね。	・車いすの子どものペープサートを出して，話しかける。 ・車いすの子どもの声を聞いているふりをする。

■この指導で押さえておくべき障害に関する知識
- 障害のある子どもとない子どもが一緒に生活したり遊んだりするために，日常生活の中でどのような配慮をすればよいかについての知識を保育者はもっておきたい。
- 例えば，耳の聞こえない子どもと会話をする際は，耳の聞こえない子どもの正面に立ち，口を大きく開けて話したり，ジェスチャーをつけたり，字や絵で伝えたいことを示して見せたりすればよいことを知っていれば，問題なく行うことができる。

■幼児の反応と対応
- 「けんちゃん（指導案の中で登場するペープサートの主人公）は車いすに乗っているから，僕は一緒に遊びたくない」という発言を子どもがした場合，頭ごなしに「そんなことを言ったらけんちゃんがかわいそうでしょ」などと一緒に遊ぶことを強要してはいけない。子どもが遊びたくないと思った気持ちを受けとめたうえで，「先生は○○して遊んでみたいな」と言うにとどめてほしい。

■使用した教材
- 車いすの子どもが描かれたペープサート

　ペープサートに描く車いす使用者は，指導を受ける子どもと同年齢でなければならない。なぜなら，「車いすの人と一緒に遊べるか」について子どもが考える際に，年齢や立場が同じであることが必要であるからである。年齢が異なると，「大人とは遊べない」などと別の理由が発生してしまう。

3

よい子にしていることと障害は関係がない
―障害の永続性―

水野智美

絵本『さっちゃんのまほうのて』を読んで，よい子にしていても障害は治らないことを学びます。

■幼児の様子
- 目が見えない人や耳が聞こえない人など，世の中にはさまざまな人がいることがわかってきた。しかし，子どもは「よい子にしているとものごとが解決する」というハッピーエンドのストーリーに慣れてしまっているため，「よい子にしていると障害が治るのではないか」という期待をもっている。

■この指導のねらい
- 幼児期には，「よい子にしていれば障害が治る」と考えている子どもが数多くいる。そのように考えることによって，「障害のある人＝よい子にしていなかった人」という認識を子どもがもってしまうことになる。そこで，障害があることとよい子にしていることは関係がないことを子どもが認識できるようにする。

■この指導で陥りやすい誤り
☆「障害が治るといいね」と期待をもたせる
- 「さっちゃん（絵本の主人公）の手が治ってほしい」という子どもの期待を損ねてはいけないと考えて，「障害が治るといいね」などと保育者が言う場合がある。しかし，この発言は，子どもが「大人になっても障害がある人は，よい子にしていなかったからだ」と考えてしまうことにつながり，かえって障害に関する子どもの認識を歪めることになる。

指導案③

「よい子にしていることと障害は関係がない―障害の永続性―」

幼児向け／保育室など／約 30 分

	保育者のセリフ（●）／園児の反応（★）	備考
導入	1．絵本『さっちゃんのまほうのて』を読む ●今日は，これから『さっちゃんのまほうのて』という絵本を読みます。 ●この絵本には，さっちゃんという女の子が出てきます。さっちゃんはどんな女の子だろうね。お話をよく聞いていてね。 『さっちゃんのまほうのて』 田畑精一・先天性四肢障害児父母の会・野辺明子・しざわさよこ著，偕成社 《あらすじ》生まれつき右手に指が 1 本もない主人公のさっちゃんは，幼稚園の友達に指がないことをからかわれたショックで幼稚園へ行けなくなる。しかし，お父さんやお母さんがさっちゃんの指に手がないのはどうしてかを話したり，さっちゃんの手は大事な手であることを優しく伝えていくことによって，さっちゃんは指のない右手を受け入れるようになっていく。	・保育者が絵本を読み聞かせる。
展開	2．『さっちゃんのまほうのて』に登場したさっちゃんの特徴を尋ねる ●この絵本に出てきたさっちゃんはどういう子でしたか？ ★女の子。／指のない子。／ままごとで「お母さんになれない」って言われて怒っちゃった子。 ●そうだね。みんながいろいろと答えてくれたけれど，さっちゃんは指のない女の子でしたね。 ●みんなの手には指がありますか？　じゃあ，全部で何本指があるのかを教えてください。 ★10 本！ ●はい。そうですね。みんなには 10 本の指がありますね。でも，さっちゃんの右の手には，みんなみたいな指がなくて，いつもグーのような手なんです。 ――絵本の中のさっちゃんの指が描かれているページを見せた後に，保育者も右の手をグーにして子どもに見せる。	・絵本をたどりながらストーリーを確認する。 ・保育者から「かわいそうだね」などとは伝えない。子どもから発言があった場合のみ受けとめる。

	3．よい子にしていても指が生えてこないことを伝える ●じゃあ，さっちゃんは大きくなったら，指が生えてくると思いますか？ 　★生えてくる！／生えてこないよ。 ●絵本の中に，どうやって書いてあったかな。もう一度，絵本を見てみましょう。 　──絵本の 23 ページの「しょうがくせいになったら，さっちゃんのゆび，みんなみたいに生えてくる？」という場面を見せてそのページをもう一度読み聞かせる。 ●もう一度，みんなに聞きます。さっちゃんは大きくなったらそのうち指が生えてくると思いますか？ 　★「生えてこない」って，さっちゃんのお母さんが言っていたよ。 ●はい。そうですね。いま，先生が読んだように，さっちゃんはよい子にしていても，指が生えてくることはありません。残念だけど，小学生になっても，中学生になっても，大人になってもさっちゃんの指は生えてきません。 　★そんなのいやだ。／かわいそう。 ●絵本の中で，さっちゃんのお母さんやお父さんが言っていたよね。指がなくても，さっちゃんの手は大切な大切なさっちゃんの手なんだって。お父さんやお母さんが大好きな手なんだって。 ●みんなは，さっちゃんに指がないのは，さっちゃんが悪いことをしたからだと思うかな？ 　★ちがう。さっちゃんは悪いことしていない。 ●そうだよね。さっちゃんも，みんなと同じように，ときどきいたずらをするかもしれないけれど，悪いことをしたから指が生えてこなかったのではありません。指がなくても，かわいいさっちゃんの手です。	
ま と め	**4．振り返り** ●『さっちゃんのまほうのて』の絵本はどうでしたか？ 　★おもしろかった。／さっちゃんがかわいそうだった。／また読みたい。 ●また，今度この絵本を読もうね。	●絵本のコラム 　⇒ p58

■この指導で押さえておくべき障害に関する知識
- 『さっちゃんのまほうのて』を読んだ子どもの約8割は,「よい子にしていたら指が生えてくる」と認識しており,小学3年生までそのように考える子どもがいることが確認されている(徳田,1997)。また,親や保育者から,「うそをつくと目が見えなくなる」「足でけると足が曲がる」などと言われて育った子どもは,目が見えない人はうそをついたからだ,足が曲がっている人は足でけったからだ,などと考えていることがある(Mizuno & Tokuda, 2011)。障害があることは,その人がよい行いをしたためでも,悪い行いをしたためでもないことをしっかりと子どもに伝えていきたい。
- さっちゃんの手は先天性四肢障害によるものである。子どもから,「さっちゃんはどうして指がないの?」と聞かれた場合には,子どもがイメージしやすい言葉を用い説明してほしい。この場合には,「さっき,先生が絵本の中で読んだように,さっちゃんはお母さんのお腹の中でけがをしちゃったんだって。だから,指が生えてこなかったんだね」などと答えればよい。

■幼児の反応と対応
- 子どもが障害のある人について「かわいそう」と発言することがあるが,その際は否定せず,子どもの感情を受けとめてほしい。しかし,子どもから「かわいそう」という発言がなかった場合に,「かわいそうだったね」などと保育者から伝えてはいけない。そのような保育者の発言によって,子どもは「障害のある人は不幸な人である」とうイメージをもってしまうことになる。

■使用した教材
- 絵本『さっちゃんのまほうのて』(偕成社)

4

障害があっても工夫をすれば障害がない人と同じように生活できることを知る ①
見えなくても，わかることがたくさんある

視覚障害　　　　　　　　　　　　　　　　　　　　　　　　水野智美

見なくても触ったりにおいをかいだりすることで，何があるかをわかる体験をします。

■児童の様子
- 子どもたちは視覚障害のある人の存在は知っている。しかし，「目が見えない」という状態は，自分が目をつぶった状態と同じであると感じ，「見えないから何もわからないだろう」と考えている。

■この授業のねらい
- 視覚障害のある人は視覚的な情報を得られなくても，触ったり，においをかいだり，音を聞いたりするなど，視覚以外の感覚を活用することによって情報を得られることを体験し，実感する。

■この授業で陥りやすい誤り
☆援助の必要性をことさら強調する
- 「目が見えないと，目の前に何があるのかがわからなくて大変である。だから，みんなは目が見えない人に手助けをしなくてはならない」などと伝えるのは不適切である。そもそも，低学年の子どもたちは「視覚障害のある人は目が見えないから，日常生活のすべてにおいて援助が必要である」と思っている傾向があり，このような教師の発言は，より「視覚障害のある人は何もできず，援助が必要な存在である」と認識させてしまうことになる。

☆目隠し歩行体験で恐怖心をもたせる
- 低学年で視覚障害のシミュレーション体験をする場合，目隠し歩行体験をしてはならない。なぜなら，子どもたちの恐怖心をあおり，「視覚障害のある人はいつも怖い思いをしながら歩いている」という不適切な認識をもたせるからである。低学年では，座ったままで行う活動を取り入れ，「目が見えなくても，視覚以外の情報を取り入れれば，わかることがたくさんある」ことを伝えたい。
- 目をつぶって歩けるかどうかを試したがる子どもには，「目が見えない人も，1人で歩けるようになるまでに，たくさんの練習をしている。今日はまだそのような練習をしていないので，立ち上がったり，ふざけたりしてはいけない」ことを伝え，制止してほしい。

指導案④

「見えなくても，わかることがたくさんある」

小学校低学年向け／教室／道徳・生活科など／45分

	教師のセリフ（●）／児童の反応（★）	備考
導入	1. 自分の生活を振り返る ●みなさんは，今朝，目が覚めたときにどうして朝になったことがわかりましたか？ ●先生は，目覚まし時計を6時にセットしておいたので，その音を聞いて朝であることがわかりました。 ●目覚まし時計の音以外に何かありませんか？ 　★お母さんが「朝だよ」って起こしてくれた。／目を明けたら，明るかった。／朝ごはんのにおいがした。／時計の時間を見たら，7時だった。 ●そうですね。時計を見たり，太陽の光を感じて，朝になったことがわかった人もいましたが，目を明けなくても，目覚まし時計の音やお母さんの声，朝ごはんのにおいなどからわかった人もいましたね。 ●では，今日は目を閉じた状態で，私たちがどれぐらいのことがわかるのかを学んでみましょう。	
展開	2. 触覚を利用して「わかる」体験をする ●これから中に何が入っているかを当てるゲームをします。 ●段ボールの中に，先生が「何か」を入れるので，代表の人が段ボールの横から手を入れて，触って答えてください。何が入っているかは，見ている人たちは教えてはいけませんよ。 ●では，最初にやってくれる人？ 　——教卓の上に段ボールを置き，1人が前に出てくる。その子どもに目をつぶらせた後に，教師がものを入れる。これを何人かにやってもらう。 ●はい。いま，何人かに前に出て答えてもらいましたが，触っただけで，答えが出ましたね。見ていた人たちも，自分でやってみたいと思ったことでしょう。 ●今度は隣り同士2人でペアになって，当てっこゲームをします。 ●まず最初に，右側に座っている人は，上靴を脱いで，ペアの人にわたしてください。 ●（全員が靴をわたし終えたら）では，右側の人は目をつぶってください。	・段ボールとその中に入れるものを用意する。 ・段ボールに入れるものは触ってわかりやすく，触っても安全な物（先が尖っていたり，触り方が悪いとけがをしたりするものはいけない）にする。

	●（目をつぶったことを確認したうえで）左側の人は，右側の人の片方の靴だけをわたしてください。わたされた人は，右足，左足のどちらの靴なのかを考えて，履いてみましょう。 ●履けたら，もう1つの靴をもらって，履いてみてください。 ●どうでしょうか。正しく履けましたか？ ●なぜ目で確認しなくても，靴の左右がわかったのでしょうか？ 　★靴の外側が右と左で違うからわかるよ。 　★右と左を間違って履いたら，変な感じがして，履きかえたよ。 ●今度は左側に座っている人が目をつぶってください。 ●右側に座っている人は，隣りの人の手のひらに，自分の机の上に乗っているものを1つだけ置いてください。目をつぶっている人は，それが何かを答えてください。 ●手のひらに置かれたものはわかりましたか？ 　★形でわかったよ。 **3. 触覚以外の感覚を活用して「わかる」体験をする** ●さて，先生が家からりんごとなしを持ってきました。どちらも，丸くて，同じような大きさですね。今度は，先生が目をつぶりますから，だれかに前に出てきてもらって，先生の手に置いてもらいます。先生が答えられるかどうかをみんなは見ていてください。 　――1人を指名して，前で教師の手のひらにりんごかなしのどちらかを置くように言う。 ●（触った後に，大げさににおいをかいで）これは「りんご／なし」ですね。においでわかりました。 ●ほかの人も，においでわかるかを試してみましょう。 ●だれか，前に出てやってくれる人はいますか？ ●見えなくても，においでわかりましたね。 ●先生がある音を録音してきました。何の音か，わかりますか？ 　――犬の鳴き声，救急車の音，調理をしている音などを提示する。 ●音を聞いても，何をしているのかがわかりましたね。隣りのクラスで音楽の授業をしているときも，見に行かなくてもわかりますよね。	・りんごとなしを用意する。 ・生活の中でよく聞く音を録音する。子どもたちが区別をしやすい音にする。
まとめ	**4. 本時を振り返る** ●今日は，目が見えなくても，手で触ったり，においをかいだり，音を聞いたりしたら，わかることがたくさんあることを知りました。 ●目が見えない人は「見えないから何もわからないだろう」と思っていたかもしれませんが，それは間違いでしたね。	

■ この授業で押さえておくべき障害に関する知識

- 視覚障害のある人は触覚，聴覚，嗅覚などの視覚以外の感覚を上手に活用して生活している。例えば，指の触感覚を利用して点字を読んでいる視覚障害のある人は多い。しかし，視覚に障害があるからといって，それらの感覚が鋭くなっているわけではない。視覚に障害のない人よりも視覚以外の感覚をどのように使えばよいのかを訓練して，使えるようになっているだけであることを知っておきたい。
- もちろん，視覚以外の感覚を活用してもわからないものがある。例えば，においや音がしない大きなものは，視覚障害のある人にとって，それが何であるのかがわかる手がかりがない。また，レトルト食品など，においがせず，形も大きさも同じであるものも，区別がつかない。どうしても視覚による情報に頼らざるを得ない場合には，人による援助が必要となる。ただし，最近では，音声で知らせてくれる機械や装置がさまざま開発されている。音声が出る体重計や体温計はその例である。また，音声を吹き込んで，ものにはり付けておくことによって，ボタンを押せば，それが何であるかがわかるような装置もある。

■ 児童の反応と対応

- 目をつぶって，触ったり，においをかいだりしても，それが何であるのか当てられない子どもがいる。その場合に，まずは「触っても（においをかいでも）わからない」という子どもの発言に対して，目で見ないとわからないものがあることに同意する。その後，特徴的な形をしていたり，区別しやすいにおいがあるものを提示し直し，「見えなくてもわかるものがある」ことを最終的に実感できるように促してほしい。

■ 使用した教材

- 段ボール
- 粘土
- ボール
- 風船など

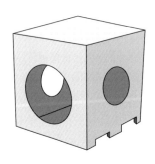

（片面は中身が見えるようにし，その側面には
手を入れられるように穴を開けておく）

5

障害者が使用するアイテムとその使用者に関する理解 ①
盲導犬とその使用者

[視覚障害]　　　　　　　　　　　　　　　　　　　　　　　　　水野智美

クイズを通して，盲導犬の役割や，盲導犬ができること・できないことを学びます。

■児童の様子
- ほとんどの子どもは，実際に働いている盲導犬を見たことはないが，テレビなどで見た経験があり，視覚障害のある人が使用している犬であることはわかっている。
- 盲導犬に限らず，動物には関心が高い。

■この授業のねらい
- 安全に歩行するために盲導犬を使用している視覚障害のある人がいることを知る。
- 盲導犬を使用している視覚障害のある人を見かけたときのマナー（してはいけないこと，配慮しなくてはならないこと）を知る。

■この授業で陥りやすい誤り
☆盲導犬の話題で終わる
- 盲導犬とはどういう犬かを伝えるだけで終わってしまうと，それを使用している視覚障害のある人に子どもたちは関心を示さなくなる。必ず，盲導犬を使用している人はどういう人であるのかを子どもがイメージできるように話をする。

☆盲導犬は，なんでもできると思わせる
- 盲導犬はよく訓練された犬であるが，視覚障害のある人が「〜に行きたい」と言えば，そこまで連れて行ってくれるわけではない。盲導犬を使用している視覚障害のある人が道順を覚えて，盲導犬に指示を出しながら歩いている。信号の色を盲導犬が区別することもできない。盲導犬は何でもできるスーパードッグであると子どもが考えると，盲導犬を使用している視覚障害のある人が困っていることに子どもが気づけなくなってしまう。そのため，盲導犬を「賢い犬」とことさらに強調してはいけない。

指導案⑤

「盲導犬とその使用者」

小学校低学年向け／教室・体育館／道徳・生活科など／45分

	教師のセリフ（●）／児童の反応（★）	備考
導入	1. 働く犬の写真を見せる ●人を助けるために仕事をしている犬がいます。 ●（警察犬の写真を見せて）この写真の犬を見たことがある人はいますか。この犬はどんな仕事をしているでしょうか？ ★犯人を捕まえる。／犯人を探す。 ●そうですね。これは警察犬といいます。警察官と一緒に犯人を捕まえたり、犯人の手がかりを探したりします。 ●（そり犬を見せて）そのほかに、寒い地域で人や荷物を運ぶ犬がいます。この犬はそり犬といいます。 ●（盲導犬の写真を見せて）では、この犬を何と言うか知っていますか？ ★盲導犬 ●そうですね。盲導犬です。 ●この盲導犬を使用している人はどういう人でしょうか？ ★目が見えない人 ●今日は、働く犬のうちの1つである盲導犬が、どんな仕事をしているのかということ、盲導犬を使用している人を見かけたときにみんなに守ってほしいことを勉強していきます。	・警察犬の写真（p56参照）を見せる。 ・そり犬の写真（p56参照）を見せる。 ・盲導犬の写真（p56参照）を見せる。 ・盲導犬のコラム⇒p57
展開	2. 盲導犬の働きを知る ●これから盲導犬についての○×クイズをします。 (1) クイズ1 ●第1問「盲導犬には、どんな犬でもなれる」 　○だと思う人は？　×だと思う人は？ ●○と答えた人は、なぜそう思いましたか？ 　×と答えた人は、なぜそう思いましたか？ ★それぞれの子どもの意見を聞く。 ●答えは、×です。 ●何人かが言ってくれたように、盲導犬は、この写真のようにハーネスをつけて目の見えない人を案内するので、ある程度、体が大きくなくてはいけません。また、ワンワンとたくさんほえたりせず、人が大勢いる町中でも落ちついていられる性格であることが大切です。それから、人と一緒に何かをすることが好きで、盲導犬になるための特別な訓練に耐えられる犬でないと、盲導犬の仕事を楽しめません。そう考えると、どんな犬でもいいわけではありませんね。	・盲導犬の写真を再度、示す。

(2) クイズ2
- 第2問「盲導犬に『○○小学校の校門まで連れて行って』と言うと，校門まで連れて行ってくれる」
　○だと思う人は？　×だと思う人は？
- ○と答えた人は，なぜそう思いましたか？　×と答えた人は，なぜそう思いましたか？
　★それぞれの子どもの意見を聞く。
- 答えは，×です。
- 盲導犬が目の見えない人に知らせてくれることは，おもに3つです。「障害物があること」，「階段などの段差があること」，「曲がり角に来たこと」です。それ以外のことは，犬が知らせてくれたことを元にして，目が見えない人が，考えながら歩いています。

(3) クイズ3
- 第3問「盲導犬はがんばって仕事をしているから，街で見かけたら，ご褒美として，おやつをあげたほうがいい」
　○だと思う人は？　×だと思う人は？
- ○と答えた人は，なぜそう思いましたか？　×と答えた人は，なぜそう思いましたか。
　★それぞれの子どもの意見を聞く。
- 答えは，×です。
- 盲導犬がいくら一生懸命に仕事をしていても，かわいいなと思っても，盲導犬が仕事をしている間にお菓子をあげてはいけません。盲導犬は，仕事をしている間にお菓子をもらってしまうと，「次も，だれかくれないかな」と思ってしまいます。そうすると，気が散って，集中して仕事をすることができません。だから絶対に盲導犬が仕事をしているときにご褒美をあげてはいけません。また，盲導犬の頭をなでたり，盲導犬に「こっちだよ」などと声をかけてもいけません。これも仕事の邪魔になって，目の見えない人が怖い思いをします。

- 障害物の前で盲導犬が止まっている写真，階段前で盲導犬が止まっている写真，曲がり角で盲導犬が止まっている写真を示す。

まとめ

3. 本時を振り返る
- 今日は，目の見えない人が安全に歩けるように手伝いをする盲導犬について勉強しました。目の見えない人にとって，盲導犬はみんなの目と同じような働きをしてくれます。
- 目の見えない人が安心して街を歩けるようにするために，みんなに守ってほしいことを勉強しましたね。これから街で盲導犬を使用している人を見かけたら，今日，勉強したことを思い出してくださいね。

■この授業で押さえておくべき障害に関する知識

- 盲導犬使用者は，自分の頭の中に地図を描き，盲導犬の伝える曲がり角などの情報をもとに，自分で判断しながら歩行をしている。盲導犬を使用しているから，視覚障害のある人は道に迷うことはないと思うのは間違いである。盲導犬使用者も道に迷うことはよくあるため，困っている様子がうかがえたら，声をかけて援助の申し出をすることが大切である。
- 盲導犬は信号の色を識別できないため，横断歩道では，盲導犬使用者も，白杖を使用している視覚障害のある人と同様に不安を感じている。周囲の者が信号の色を伝えるだけでも，安心して横断することができる。
- 盲導犬については，日本盲導犬協会，関西盲導犬協会などのHPを参考にするとよい。

■児童の反応と対応

- 「盲導犬は利口な犬である」と子どもは理解しがちである。しかし，盲導犬の役割は限られているため，必ずしもすべてのことができるわけではない。子どもたちの発言を否定する必要はないが，教師が肯定しすぎないようにする。また，盲導犬を使用している人が道を歩いていて，道に迷ったり，信号の色がわからなくて困ることがあることも併せて伝えてほしい。

■使用した教材

・警察犬の写真（平成16年警察白書より）　　・そり犬の写真（浅間高原ウィンターフェステバルHPより）

・盲導犬の写真（日本盲導犬協会提供）

横断歩道で止まる　　段差を教える　　障害物を避ける

コラム 1

盲導犬

枝野裕子

　身体障害者補助犬とは，視覚障害者，肢体不自由者，聴覚障害者の自立と社会参加をサポートする犬のことである。このなかに，盲導犬，介助犬（肢体不自由者の日常生活動作をサポートする犬。使用者の手の届かない物を持ってくる，ドアの開け閉めをすることなどの役割をする），聴導犬（聴覚障害者に音を知らせる犬。目覚まし時計やドアベルの音などがなったことなどを使用者に伝える役割をする）が含まれている。

　盲導犬は，使用者の指示に従いながら，階段や段差の前で一時停止する，曲がり角や交差点の前で一時停止する，特定の対象物（例えば，出入口，座席，改札）まで誘導するといった仕事をしている。しかし，使用者から「○○に連れて行って」と行き先だけを指示されても誘導できるわけではない。ただし，盲導犬は，使用者が危険な目にあう可能性がある場合には指示に従わなかったり，路上や頭上の障害物を避けたりするなどの能力を訓練によって身につけている。

　なお，盲導犬の仕事中に食べ物をあげたり，身体を触ったり，盲導犬の気を引くような行為（手を叩いたり，口笛を吹いたりすること）をしてはいけない。なぜならば，このような行為によって盲導犬は注意が散漫になってしまい，使用者の事故につながる可能性があるからである。

　また，盲導犬がいるから使用者に対して何も援助する必要がないというわけではない。特に使用者が困っている様子のときには，「何かお困りですか」「お手伝いすることはありますか」などと声をかけるようにしてもらいたい。その際，使用者から誘導を頼まれたら，盲導犬が身につけているハーネスを持つのではなく，どのように案内すればよいかを使用者に聞くとよい。

　「盲導犬になるために厳しい訓練をする」と言われることがあるが，けっしてそういうことではない。盲導犬となる犬は人と一緒にいることが大好きで，人にほめてもらううれしさを訓練では多く経験していく。どうすればほめてもらえるかを上手に学んだ犬が盲導犬になる。

コラム 2

障害者が登場する絵本を有効に活用しよう

水野智美

　第1部で説明したように，障害理解の第1歩は，自分とは違う特徴のある人が世の中に存在することを知り，ファミリアリティ（親しみ）を高めることである。そのためには，障害者を見る機会が必要である。また，障害者はどのような特徴があるのか，自分とどこが違うのか，どのように工夫をしたら自分と同じように生活ができるのかなどについて具体的に知り，自分の身近な存在として感じることができるようにしなくてはならない。

　しかし，実際には町の中で，都合よくさまざまな特徴のある障害者と出会う機会はなく，出会ったとしても，その障害者をじろじろと見るのは，マナーに反するのではないかと気後れするだろう。また，子どもに障害について，どのように説明すればよいのか，どんな話をすればよいのかがわからずに，結果的に子どもに何も伝えられない人も多い。

　そこで，これらの不安を解消してくれるアイテムとして，障害者が登場する絵本がある。このような絵本を子どもと読むことによって，子どもは絵本に示されている挿絵から，具体的に障害者をイメージできるようになる。また，ストーリーを通して，障害者はどのようなことができるのか，また何ができなくて困っているのか，どのように日常生活を送っているのかなどについて知ることができるのである。

　ただし，障害者が登場する本を1冊読めば，すべての障害者の気持ちを理解することができるようになるというのは，誤りである。車いすの人が登場する絵本を読み聞かせることによって，子どもは車いすの人に関してファミリアリティを高め，車いすの人の生活を知ることができたり，自分との違いを感じたりすることができるが，視覚障害者や聴覚障害者，知的障害者，発達障害者の理解を深めることはできない。そのため，さまざまな障害のある人の絵本をいくつか選んで読み聞かせることが必要である。

　最近は，知的障害や発達障害を扱った絵本が数多く出版されている。特に知的障害や発達障害などの目で見てわからない障害については，絵本に登場する主人公を通して，具体的になぜそのような行動をとるのか，自分たちはどのように接すればよいのかを学ぶよい機会になると思われる。

　詳しくは，『幼児に対する障害理解指導—障害を子どもたちにどのように伝えればよいか—』水野智美（2008），文化書房博文社を参照してほしい。

6

障害者が使用するアイテムとその使用者に関する理解 ②
手話とその使用者

聴覚障害　　　　　　　　　　　　　　　　　　　　　　　　西館有沙

絵本の中の耳が聞こえない主人公を通して，手で会話する方法を知り，その楽しさを体験します。

■児童の様子
- ほとんどの子どもが，聴覚障害のある人と接した経験がない。
- 手話についてある程度知っている子どもがいる一方，ほとんど知らない子どもがいる。
- 手話については関心をもつ子どもが多い。

■この授業のねらい
- 手話という，手で話す手段があることを知る。
- 手で話すことの楽しさを体験する。
- 手話が，耳の聞こえない人のためにあることを知る。

■この授業で陥りやすい誤り
☆手話の単語を覚えることが目的となる
- 手話を教えることが目的となり，だれが手話を使っているのか，なぜ手話が必要なのかを伝えないままに授業を進めることのないようにする。

☆歌の振り付けとして覚える
- 手話を題材に授業を行う場合，手話歌を教材に用いるケースがある。しかし，手話歌を覚えることは，手で話すコミュニケーションの楽しさを知ることには必ずしもつながらない。それは，言葉を伝える手段としてではなく，歌の振り付けとして，一連の動作を覚えることに子どもが必死になってしまいがちであるためである。この授業において重要なことは，手で話す面白さや，手話を使う意味を知ることである。

指導案⑥

「手話とその使用者」

小学校低学年向け／教室／総合など／45分

	教師のセリフ（●）／児童の反応（★）	備考
導入	1. 絵本を読む ●今日は，最初に1つ，お話を読みます。 『わたしたち　手で話します』 _{フランツ＝ヨーゼフ・ファイニク作，フェレーナ・バルハウス絵，ささきたづこ訳，あかね書房} 《あらすじ》耳の聞こえない少女リーザは，手話を使える少年トーマスや，耳の聞こえる子どもたちと友達になる。手話や聴覚障害のある人の生活に興味をもった友達に，リーザとトーマスは耳の聞こえない人がいろいろな工夫をして生活していることを伝えていく。	● 絵本のp1～p8（あだ名の話）までを読み聞かせる。
展開	2. 資料をもとに，手の動きでクイズを出す ●（読み聞かせ後に）絵本の中で，手で話ができると言っていました。みなさんは，手で話ができることを知っていましたか。 ★知ってる。 ●耳の聞こえない女の子，リーザのあだ名を覚えていますか（絵本の該当箇所を見せる）。手で話ができる男の子トーマスのあだ名は何だったでしょうか。 ★手を使って表す。 ●これから，手の動きで話ができるかを試してみます。それではみんなの好きな動物を手で表してみましょう。 ★自分の好きな動物を，手の動きで表現する。 ●みなさんが，動物をどんなふうに手で表したのかを先生にも教えてください。 ★自分の考えた手の動きを，数人に披露してもらう。 3.「しゅわ」という言葉と手話がある理由を知る ●絵本の女の子，リーザはどうして手で話をしていたのでしょうか。 ★リーザは耳が聞こえないから。 ●リーザのように，手で話すことを何というか，知っていますか。 ●手で話をすることを「手話（しゅわ）」といいます。 ——板書。 ●手話以外にはどんな方法がありますか。 ★紙に書く。 ●手話と書くのではどんな違いがありますか。	● ここは，手で話す楽しさを感じることを目的としている。この活動自体は手話とは異なるため，「手話」と表現しないようにする。 ● 手話のコラム ⇒ p106

- ●（人形などを用いて）2人は耳が聞こえません。お話するときに声を出しても，この人たちには聞こえません。そこで，お手紙を書いてお話ししてみることにしました。
- ●（1人の人形が手紙を書くふりをする。もう1人の人形は「まだかな」と待つしぐさをする。
- ●やっと手紙を書けた人形は相手に手紙をわたす。
- ●手紙をわたされた人形は返事の手紙を書く。その間，相手の人形は「まだかな」と待つしぐさをする）。
- ●ウーン。文字でお話しするのは，とても時間がかかりますね。そこで今度は，耳の聞こえない人は手でお話しすることにしました。（「オーイ」と手を振って相手を呼び，手で話すしぐさをする。相手の人形はうなずき，手で返事をする）。
- ●手でお話しすると，手紙よりずっと早く，たくさんお話ができました。だから，耳の聞こえない人たちは，手で話すのですね。

・2名の教師が聴覚障害者役を演じるのでもよい。

4. 手話の実践
- ●手話で，あいさつをしてみましょう。

①こんにちは

②よろしく

③ありがとう

・ここは手話を覚える楽しさを感じることを目的としているので，子どもたちが覚えられる程度の数の手話を紹介する。

5. 手と文字で友達と話す
- ●それでは，手や文字を使って友達と話をしてみましょう。
- ●まず，隣の友達に短い手紙を書きましょう。
- ●手紙が書けたら，声を出さずに，手を振って友達を呼びましょう。
- ●手話で「こんにちは」「よろしく」とあいさつをして，手紙をわたしましょう。手紙をもらった友達は，手話で「ありがとう」と伝えましょう。
- ●手話と手紙で，お友達と話ができましたね。

まとめ

6. 授業の振り返りとまとめをする
- ●今日，勉強したことをおさらいしてみましょう。
- ●手で話す方法を何と言いましたか？
  ★手話。
- ●人と話す方法は，声だけでなく，文字や手話など，たくさんあることがわかりましたね。いろいろな方法を知っておくと，いろいろな人と話すことができます。

■この授業で押さえておくべき障害に関する知識
- 聴覚障害のある人のコミュニケーション手段の1つに手話がある。例えば手話で「おやすみ」は、片方の手をグーの形にして頬にあて、枕に寝ているしぐさをする。このように、名詞や動詞、形容詞、接続詞などの単語や、五十音などを手指で表現し、目で見て会話できるようにしたのが手話という言語である。
- 手話には、文字で書いて伝える方法に比べて、スムーズに会話ができるという利点がある。ただし、手話を使う聴覚障害のある人は全体の約2割程度であるといわれている。そのため、「聴覚障害者のコミュニケーション＝手話」という伝え方をしないように気をつける必要がある。

■児童の反応と対応
- 「手話をもっと知りたい、覚えたい」という発言が出る可能性があるので、手話について調べたり覚えたりする時間を、この指導案の発展学習として設けるのもよい。ただし、聴覚障害のある人とのコミュニケーション手段が手話だけでないことを子どもたちが認識できるように、その都度フォローが必要である。
- 手話に興味をもった子どもが自分で手話について調べられるように、授業後に手話に関する図書や資料を教室に用意しておくことも1つの方法である。また、読み聞かせに用いた絵本も授業後に教室に置いておき、聴覚障害について興味をもった子どもが読んで学習を進められるようにしておくとよい。

■使用した教材
- 絵本『わたしたち　手で話します』（2006年，あかね書房）

① 「こんにちは」
「おはよう」「こんばんは」
のあいさつにも使えます。

- 向かい合わせた人差し指を、会釈させるように折り曲げる。

② 「よろしく」

③ お礼「ありがとう」

- 右手を垂直に立て、小指側で左の甲をトンとたたく。このとき、軽く頭を下げる。

7

障害者が使用するアイテムとその使用者に関する理解 ③
車いすとその使用者

|肢体不自由| 　　　　　　　　　　　　　　　　　　　　　　　西館有沙

カラフルな車いすをデザインすることを通じて，自分と同じような年齢にも車いすを使う子どもがいることを知ります。

■児童の様子
- 多くの子どもが車いすを見た経験をもっている。一方で，車いすに触れた経験や車いす使用者と接した経験がない子どもがほとんどである。
- 車いすは高齢者やけが人が使うものであると考えている。
- 車いすやその使用者について，これまでにあまり考えたことがない。

■この授業のねらい
- 車いすに興味をもつ。
- 車いすを使用する子どもの話を聞かせることで，車いす使用者のイメージの幅を広げるとともに，車いす使用者をこれまでよりも身近な存在としてとらえられるようにする。

■この授業で陥りやすい誤り
☆車いすを使用する子どもは「かわいそう」「がんばっている」と伝える
- 子どもは，高齢者やけがをした人が車いすを使用しているというイメージをもつことが多い。このイメージをもったままでは，車いす使用者に親近感をもちにくい。そこで，自分たちと同年齢の子どもの中にも車いすを使用している人がいること，車いすにはいろいろな色や模様があることなどを伝え，車いすやその使用者に親しみを感じられるようにする。
- 子どもが車いすに触れ，車いすやその使用者に親しみを感じることがねらいであるので，車いすを使用している人の苦労やがんばりを強調することをしない。また，車いすを使用する子どもについて，「かわいそう」「やさしくしてあげよう」と伝えない。

指導案⑦

「車いすとその使用者」

小学校低学年向け／教室など／道徳・生活科など／45分

	教師のセリフ（●）／児童の反応（★）	備考
導入	1. 車いすについて説明する ●この乗り物を何というか，知っていますか？ 　★車いす ●そうですね。これは「車いす」といいます。 ●小さな車輪が2つと，大きな車輪が2つ付いていますね。いすに座って，大きな車輪をくるくると回すと動きます。 ●ところで，車いすの横にあるこのレバーは何でしょう？ 　★自分の考えを述べる。 ●このレバーは，車いすを止めるときに，大きな車輪が動かないようにするためのものです。止まっているときに車いすがぐらぐら動いたら危ないので，このレバーが付いています。 ●次に，車いすの車輪はどのように動くのか見てみましょう。 ●大きい車輪は，（動かして見せて）前と後ろにしか進めません。小さい車輪は，（動かして見せて）どの方向にも進むことができます。車いすは小さい車輪でどの方向に進むかを決めて，大きい車輪を動かして進むのです。	●車いすの実物を見せる。 ●車いすのコラム⇒p127 ●車いすのレバーを引いて，車輪が動かなくなった様子を見せる。
展開	2. 車いすを使用している人について話し合う ●車いすを実際に使っている人を見たことはありますか？ 　★見たことがある。／病院で見た。 ●どのような人が，車いすを使っていましたか？ 　★お年寄り／けがをした人／病気の人 ●車いすにはいろいろな種類があります。 ●（子ども用の車いすの写真を見せて）この車いすはかわいいですね。だれが使うのでしょうか。おじいちゃんかな？ 　★子ども ●みなさんと同じ○年生で，車いすを使っている人がいると思いますか？ 　★自分の考えを述べる。 ●みなさんと同じ学年の子どもの中にも，車いすを使っている人がいます。 ●みなさんと同じ学年の子どもが使っている車いすには，青，赤，黄色など，いろいろな色があります。車輪に模様がついている車いすもあります。 ●これから，車いすの友達のために，みなさんが車いすに色を塗ったり，模様をかいたりして，すてきな車いすをデザインしましょう。	●さまざまな種類の車いすの写真を見せる。 ●『ユニバーサルデザインとバリアフリーの図鑑』徳田克己監修，ポプラ社などが参考になる。

3. 子ども用の車いすをデザインする

- この絵を見てください。車いすに乗る子は，みなさんと同じ○年生です。男の子か女の子かは，みなさんが決めてください。
- まず，子どもの顔を書きましょう。洋服にも色を塗ってください。
- 次に，車いすの大きい車輪に，好きな模様をかいて，色を塗ってみましょう（見本を示す）。
- 車輪に色を塗り終わったら，車いすのいすの部分にも色を塗ってよいです。
- カラフルな車輪が完成しましたね。それでは，切り取り線にそって，はさみで絵を切り取り，車いすに大きな車輪をはりましょう。
- いすと車輪を付けることができましたか（見本を示す）。
- 出来上がった車いすを，黒板の模造紙にはりましょう。
- みなさんが作った車いすを見ましょう。
- どれもすてきです。車いすに乗っている子どもも笑顔でうれしそうです。

・車いすの塗り絵を配った後，見本を示しながら説明する。

4. 車いすを使用する子どもについて考える

- ところで，手や足，体が思うように動かない子どもは，日本の中にどのくらいいると思いますか？
  ★人数を予測する。
- 実は5万人ぐらいいます。想像できないくらい，たくさんいますね。その中には，車いすを使っている人も多いです。
- 車いすを使っている子どもたちは，学校に通っているのでしょうか？
  ★通っている。／通っていない。
- 車いすを使っている子どもも，学校に通っています。いまも，みなさんと同じように，勉強をしています。

まとめ

5. 授業のまとめ

- 今日，みなさんが作ってくれた車いすの絵は，教室（廊下）にはっておきましょうね。
- 街の中で，みなさんが考えたようなすてきな車いすを使っている子どもが増えるといいですね。

■この授業で押さえておくべき障害に関する知識
- 国内における肢体不自由児の人数については，厚生労働省が実施している「生活のしづらさなどに関する調査」に示されている。

■児童の反応と対応
- 「どうして車いすに乗っている子がいるの」という疑問には，病気やけがなどによって身体がうまく動かない子がいることを伝える。
- 「車いすに乗るなんてかわいそう」という感想があがった場合には，子どもの感情を否定することはせず，足がうまく動かなくても車いすが足の代わりになってくれることを伝える。

■使用した教材
- 車いす（校内にあるものでよい）
- 車いすと車輪の絵（塗り絵用）
- はさみ，のり，模造紙

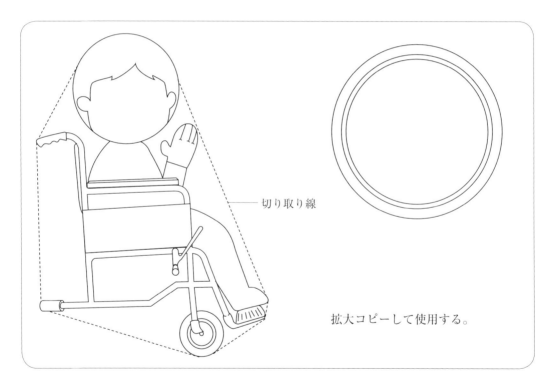

切り取り線

拡大コピーして使用する。

8

障害があっても工夫をすれば障害のない人と同じように生活できることを知る②
音声に頼らずに情報を得るための方法

聴覚障害　　　　　　　　　　　　　　　　　　　　　　　　　西館有沙

声を出さないゲームを通して，非言語コミュニケーションを体験します。

■児童の様子
- 聴覚障害のある人と接した経験をもたない子どもが多い。
- これまでに，聴覚障害のある人の存在に目を向けたことがない。

■この授業のねらい
- 声や音，文字がない状況であっても，耳が聞こえない人が工夫をすれば，情報交換ができることを実感する。

■この授業で陥りやすい誤り
☆聴覚障害のある人と無理に結びつける
- 聴覚障害のある人がどのように情報を得ているのか，低学年では具体的に考えさせることがむずかしい。そのためこの授業では，ゲームなどを通して，声や音を出さなくても相手に情報を伝える手段があると子どもたちが気づくことに重点をおいて，授業を展開する。

指導案⑧

「音声に頼らずに情報を得るための方法」

小学校低学年向け／ホール・体育館／生活科・総合など／45分

	教師のセリフ（●）／児童の反応（★）	備考
導入	1. 本時の活動について説明する ●今日は，とても静かな授業になりますよ。声や音を出さずに，友達にいろいろなことを伝えてみましょう。	
展開	2. 声を出さずに自分の誕生日を友達に伝える (1) 誕生日の輪をつくる ●いまからみなさんは，声を出してはいけません。 ●（子どもの反応を見ながら）みなさん，声を出していませんね。では，そのまま静かに聞いてください。 ●これから，誕生日の順番に1列に並んでもらいます。 　①1月の人が最初，12月の人が最後です。 　②まず声を出さずに，誕生月が同じ人がグループになりましょう。 　③生まれた日にちを，声を出さずに伝え合って，日にち順に並びましょう。 　④1月から12月まで列をつなげたら，完成です。 ●注意点を言います。 　①誕生日を友達に教えるときに，声や音で伝えてはいけない。 　②友達の誕生日を教えてもらった人も，声を出さずに「わかった」とか「わからないからもう1回教えて」と伝える。 ●では，始めてください。 　★口の形を見せたり，身ぶり手ぶりを使ったりして友達同士でやりとりをする。 ●1列に並べましたね。ここからは声を出してよいです。 ●では，答え合わせをしていきましょう。 　①誕生月ごとに，手をあげてもらい誕生月の順番が合っているかを子どもと確認する。 　②誕生月ごとに，誕生の日にちを確認し，順番が合っているかを子どもと確認する。 (2) コミュニケーションの工夫を考える ●みなさんがどんな工夫をしたかを聞いてみたいと思います。 　★話していることがわかるように，口の形を大きくした。 　★指の数で伝えた。 　★手や指で数字の形をつくった。 　★友達の背中（手の平）に数字を書いた。 　★友達の誕生日を聞くときに，大きくうなずいたり，首を振ったり，手で○の形をつくった。	・教師も声を出さずに，1月から12月までの誕生日順に子どもが並ぶのを手伝う。 ・子どもが思わず声を出すことが考えられるので「声を出さないよ」と声をかけながら，子どもの様子を見守る。 ・子どもからあまり経験談が出ないようであれば，教師が自分の経験談を語る。

	●誕生日をどのように教えてもらったらわかりやすかったですか？ 　★指で数を出してくれたら，すぐにわかった。 **3．声を出さずに自分の気持ちを友達に伝える** ●次に，声を出さずに，自分の気持ちを友達に伝えてみたいと思います。 ●まず，先生がやってみます。みなさん，先生がどんな気持ちかをあててくださいね。 　——うれしそうな表情をつくり，手を胸や頬にあてたり，ぴょんぴょんと飛び跳ねたりする）。 　★うれしい気持ち！ ●あたりです。先生は「うれしい」という気持ちでした。 ●声に出して「うれしい」と言わなかったけれど，みなさんにちゃんと伝わりましたね。 ●では，1月の一番早い誕生日の人，みなさんの前に立ちましょう。 ●△さんに，声を出さずに，みなさんに気持ちを伝えてもらいます。 ●△さん，声を出さずにこの紙を見てください。 　——「悲しい気持ち」と書かれた紙を見せる。 ●準備はいいですか。では，△さん，声を出さずに，みなさんに紙に書いてあった気持ちを伝えてください。 　★ジェスチャーや表情で悲しい気持ちを伝える。 ●みなさん，△さんが伝えたい気持ちがわかりましたか。 　★悲しい気持ち ●△さんは声を出さなかったのに，どうしてわかったのですか。 　★悲しい顔をしていた。 　★泣くまねでわかった。	
ま と め	**4．授業のまとめをする** ●今日は，声や音を使わなかったけれど，顔の表情や体の動きなどで，友達にいろいろなことを伝えられることがわかりましたね。このように工夫をすれば，耳の聞こえない友達とも声や音を出さなくても気持ちを伝えたり，情報を伝えたりすることができることを覚えておいてくださいね。	

■この授業で押さえておくべき障害に関する知識
- 聴覚障害のある人が用いるコミュニケーションの方法には筆談や口話，手話などがある。ただし，相手の感情や気分，考えを正確に知るためには，表情や身ぶりといった情報が欠かせない。なぜなら，聴覚障害のある人は，声のトーンや抑揚からは相手の感情を知ることができないため，相手の表情や身ぶりを見て，相手がどのような気持ちでいるのかを判断しているからである。例えば，「雨が降った」と話す友人が，無表情で手も動かさない状態であれば，相手がうれしくて発した言葉なのか，悲しくて発した言葉なのかがわからず，反応に困ることになる。
- 身ぶりは，話の内容を正確に理解するうえでも重要である。例えば，「大きな箱がほしい」と伝えるだけでは，どのくらいの箱を指しているのかがわからないが，手でその大きさを表して見せればよくわかる。このように，表情や身ぶりが多くの情報を与えてくれることを知っておきたい。

■児童の反応と対応
- 声を出して話すときには，身ぶりをつけたり顔で気持ちを表したりすることで，話の内容が伝わりやすくなることを伝える。

9

障害者が日常生活で困ることを知る①
車いす使用者は障害物や段差に困る

肢体不自由　　　　　　　　　　　　　　　　　　　西館有沙

車いす使用者が障害物や段差に困ることを知り，自分たちはどうすればよいかを考えます。

■児童の様子
- 多くの子どもが，車いすを見た経験はあるが，車いすに触れた経験や車いす使用者と接した経験はない。
- 車いす使用者が移動の際に困る具体的な場面について，これまでにあまり考えたことがない。

■この授業のねらい
- 車いす使用者が障害物や段差に困ることを知る。
- 歩道やスロープをふさぐように障害物を置かないなど，自分たちにも配慮しなくてはならないことがあることに気づく。

■この授業で陥りやすい誤り
☆障害物や段差の発見で終わる
- 車いす使用者が，障害物や段差を通れないという授業を展開するときの誤りとして，障害物や段差を身近な場所の中から発見するだけで終わってしまうことがある。どういった状況が車いす使用者には困るのか，自分たちはどうしなければならないのかを考えられるように導く必要がある。

指導案⑨

「車いす使用者は障害物や段差に困る」

小学校低学年向け／体育館・ホール／生活科・社会科・総合など／45分

	教師のセリフ（●）／児童の反応（★）	備考
導入	1. 本時の説明をする ●私たちが住む町には広い道，狭い道，階段がついている道，坂道など，いろいろあります。 ●今日は，みなさんが歩く道について考えます。	
展開	2. 障害物のある道や段差のある道を通ってみよう ●ここに，ごみが置いてある道を用意しました。また，床よりも1段高くなっている場所を作りました。ここをみなさんで歩いて通ってみましょう。 　★障害物や段差のあるコースを通る。 ●みなさん，通ることができました。 ●今度は，この道を車いすに乗って先生が通ってみます。 　――障害物や段差の前で立ち往生する様子を見せる。この一連の様子を教師は何も説明せずに，子どもに見せる。 3. 車いす使用者が通ることができる道について考える （1）ごみが置いてある道 ●みなさんは，ごみが置いてあっても通ることができたのに，車いすを使って通ろうとするとなぜ前に進めなかったのでしょうか。 　★車いすではごみ袋を避けたり移動させたりすることがむずかしいから。 ●車いすに乗っている人がこの道を通るためには，どうしたらよいでしょうか。 　★ごみ袋を道に置かない。 　★道を広くする。 ●そうですね。ごみ袋をこんなところに置いてはいけません。	・障害物のある通路と段差を作っておく（図参照）。 ・車いすのコラム ⇒p127

1 身体障害に関する理解教育

- ●ほかにも,歩道の上にあって,車いすに乗っている人が通る場合に邪魔になるものには何があるでしょうか。
  - ★看板／自転車／電柱
- ●なるほど。みなさんが乗っている自転車を道の真ん中に置いてしまうと,車いすに乗っている人も通れないし,ほかの人も困ります。自転車は,自転車置き場などの邪魔にならないところに置くようにしましょうね。また,ごみ袋などが道をふさいでいることに気づいたら,そのごみ袋を端によけてあげるとよいですね。

（2）段差
- ●では,こちらの1段高くなっている場所を,車いすに乗っている人が通れるようにするには,どうしたらよいでしょうか。
  - ★平らにする。
  - ★車いすを持ち上げる。
- ●そうですね。道を平らにしてしまえば,車いすに乗っている人は安心して通ることができます。
- ●車いすを持ち上げるには,手助けをしてくれる人が必要ですね。
- ●そのほかに,このような方法もありますよ（スロープの写真を見せる）。
- ●大きな段差や階段があるところに,このような坂道をつくると,車いすに乗っている人も通ることができます。しかし,このように車いすに乗っている人が通れるようにした道の上にも,自転車やごみを置いてしまっては通ることができませんね。

まとめ

4. 本時を振り返り,授業のまとめをする

- ●車いすに乗っている人は,ごみや自転車などが道をふさぐように置いてある場所や段差を通れないことがわかりました。
- ●歩道は,いろいろな人が通ります。みなさんのような小学生はもちろんのこと,中学生のお兄さん・お姉さん,お年寄り,みなさんよりも小さな子ども,ベビーカーを押す人,車いすに乗っている人,自転車に乗っている人など,いろいろな人が通ります。みんなが安心して通ることができるようにしなくてはならないですね。

■この授業で押さえておくべき障害に関する知識
- 歩道上の障害物（自転車やごみ袋，看板など）や段差は，車いす使用者にとって非常に困る。車いすが通るためには80cmの道幅が必要で，また3cm以上の凹凸があると前輪がひっかかってしまう。段差の問題を解消するためには，段差をなくす方法と，スロープを設置する方法がある。
- 校内に車いすがなく，授業で使用したい場合は，社会福祉協議会などが行う車いすの貸し出し事業を利用するという方法がある。

■児童の反応と対応
- 「車いす使用者が困らないように，お手伝いする人をつければよい」という意見が出た場合には，1人で移動できる車いす使用者がいること，車いす使用者も1人で移動したいと思うことがあることを伝えるなどして，車いす使用者が1人でも移動できる環境を整えなくてはならないと子どもが感じられるように促す。

■使用した教材
- 車いす1台（校内にあるものでよい）
- 障害物：パネル2枚，古紙などを詰めたごみ袋2，3個，マット数枚
- スロープの写真もしくは絵

＜障害物のある道と段差＞

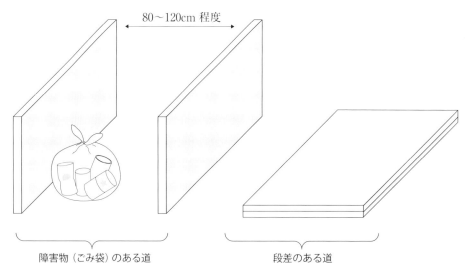

障害物（ごみ袋）のある道

パネル（移動式の黒板や折り畳みの長机でもよい）2枚を立て，その間に中身の詰まったごみ袋を置く。

段差のある道

段差は，マットを数枚重ねるなどして段差を作成する。

10

障害があっても工夫をすれば障害がない人と同じように生活できることを知る③
点字の触読体験

視覚障害　　　　　　　　　　　　　　　　　　　　　　　　　水野智美

識別しやすい点字を読む体験によって、点字に親しみをもたせます。

■児童の様子

- 教科書や道徳教材の中で点字が扱われているため、視覚障害のある人が情報を読んだり書いたりするために点字を使用していることは知っている。しかし、ふだんは意識をしていないため、身近なものに点字が付いていることにはあまり気づいていない子どもがいる。
- 点字を触ったことがある子どもがいるが、そのほとんどは、点字は自分にはよくわからないものであると思っている。

■この授業のねらい

- 自分たちが日常で使用している製品や、街の中にある施設や設備に、点字が使用されていることに気づく。
- 点字はどのような仕組みで成り立っているのかを知るとともに、点字は練習をすれば自分たちも読むことができることを実感する。

■この授業で陥りやすい誤り

☆点字が読めることを過大評価する

- 子どもだけでなく、教師自身も点字を読んだ経験がないために、「点字を読むことはむずかしい」と感じている傾向がある。そのため、子どもも教師も点字を読む視覚障害のある人は指先の感覚が鋭敏であると考えてしまうことがある。しかし、それは大きな誤りである。
- そのように考えることによって、子どもたちは、視覚障害のある人は自分にはない特別な能力があると感じてしまうことになり、障害観を歪めることにつながる。
- 点字には識別しやすい文字としにくい文字がある。視覚障害のある人が、識別しにくい文字まで完全に読めるようになるには数年間の訓練が必要であるが、識別しやすい文字の中には、少し練習をすれば読めるものがある。初めて点字に触れる授業では、識別しやすい文字を使用して、「学習をすれば、自分も点字を読むことができる」と子どもに感じさせなくてはならない。

指導案⑩

「点字の触読体験」

小学校高学年向け／教室／国語科・道徳・社会科など／45分

	教師のセリフ（●）／児童の反応（★）	備考
導入	1. 身の回りに点字が多く使われていることに気づく ●目が見えない人は，みなさんのように印刷された文字ではなく，手で触って文字を読んでいます。 ●その文字を何と言うか知っていますか？ 　★点字 ●先生はビールの缶を持ってきました。このどこかに実は点字が付いています。 ●どこに付いているのかを知っている人はいますか？ 　★缶のふたのところ。 ●そうです。ビールなどのお酒は，お茶やジュースと間違えて飲むといけないので，缶のふたに「おさけ」と書かれています。そのほかに，みなさんが図工の時間に使っているボンドにも，点字で「ボンド」と書かれています。 ●では，このほかに日常生活の中で，点字をどこで見かけることがありますか？ 　★駅の階段の手すり／エレベータのボタン／ポスト……	・点字のコラム 　⇒ p80 ・ビールの缶を見せる。 ・ボンドの点字表記の部分を見せる。
展開	2. 点字の仕組みを知る ●点字を触ってみたことがある人がいると思います。いままで，点字をどうやって読むのかを勉強したことがないので，みなさんは，点字は読めない，むずかしいと感じたことでしょう。 ●今日は点字がどのような仕組みでできているのかを勉強します。 ●（1マス6点の点字を示しながら）点字は，縦3つ，横2つ，合わせて6つの点からできています。1マス（6点）で1つの音を表しています。 ●みなさんは以前，ローマ字を習いましたね。点字もローマ字と同じように，「あ」「い」「う」「え」「お」の母音と「カ行」「サ行」などの子音を組み合わせて作ります。 ●いま，みなさんに配ったプリントには，上の行に母音が書かれています。下の行に「カ行」を完成させましょう。	①④ ②⑤ ③⑥ ・6点で1マスになっているシート（教材1）を見せる。 ・母音とカ行を学ぶプリント（教材2）を配布する。

	●「か」を見てください。「か」は「あ」に⑥がたされていますね。「き」は「い」に⑥がたされていますね。では，「カ行」の残りの「く」「け」「こ」を完成してください。 **3. 点字を読むを体験する** ●次に配ったプリントには，「ア行」と「カ行」だけでできる言葉が点字で示してあります。何と書いてあるのかを読んでみましょう。 　★「あか」「えき」「きく」「えかき」 ●組み合わせを覚えたら，目で読むことはできますね。 **4. 点字に触る体験をする** ●先生は本物の点字を打った紙（点字板）を持ってきました。「あ」「ふ」「め」「れ」の4文字です。 ●2人に1枚ずつ点字の付いた紙を配ります。上から，「あ」「ふ」「め」「れ」の順に点字が打ってあります。 　——1字ずつ上から，「あ」「ふ」「め」「れ」の順に点字が付いている紙を配る。 ●では，隣りの人と交替で点字を触っていきます。 ●点字を触る人は目をとじてください。もう1人の人は目をつぶっている人の手をとって，どこを触ればよいのかを教えてください。 ●まず，「あ」を触ります。その次に「ふ」を触ります。2つの違いはわかりますか？ ●「あ」は①の1つしか点がないですし，「ふ」は①と④，③と⑥の点で，真ん中（②と⑤）が抜けていますね。 ●次に「め」を触ります。「め」と「あ」が違うことがわかりましたか？ ●それでは「れ」を触ります。「あ」「ふ」「め」「れ」を覚えてください。何回か繰り返し触って練習しましょう。 ●では，次に配る紙に打ってある点字を読んでください。 ●「あめふれ」と打ってある紙を配る。 ●読めましたね。 ●それでは，役割を交互します。 　——同じことを繰り返す。	・点字を読むためのプリント（教材3）を配る。 ・「あ」「ふ」「め」「れ」の4つの点字が打ってある紙（教材4）を準備しておく。
ま と め	**5. 本時のまとめをする** ●今日は点字の仕組みを学習し，実際に手で触ってみました。 ●いままでは，絶対に読めないと思っていた人が多かったと思います。しかし，今日，勉強をして，点字を読む練習をしていけば，自分たちも少しずつ読めるようになると感じたのではないでしょうか。 ●先生も，これから練習をしようと思います。そうすれば，もっと多くの点字を読めるようになるはずです！	

■この授業で押さえておくべき障害に関する知識

- 点字に対して，一般の印刷された文字を墨字という。視覚障害のある人のうち，残存視力のある人は墨字を使って文字の読み書きをしている。また，高齢で視覚障害になった人は点字を読めないことが多い。視覚障害のある人はだれもが点字を読めると考えるのは間違いである。
- 点字は点字盤を使って作成する。小型点字器は1000円程度で手に入る。市町村の社会福祉協議会の中には，事前に予約すれば，点字を作成するための点字盤を貸し出すサービスを行っているところがある。また，地域の点訳ボランティア団体や視覚障害特別支援学校の中には，有償で簡単な点字教材を作成してくれるところがある。
- 文章を，点字に翻訳できるサイトもある。

■児童の反応と対応

- 点字を読む体験，触る体験をして，「点字は複雑だ」「点字を読める視覚障害のある人はすごい」と子どもが発言していた場合，まずは子どもの気持ちを受け入れつつ，視覚障害のある人も読めるようになるまでに何年も練習したことを伝えてほしい。

■使用した教材

- 点字の付いた商品（アルミ缶，ボンド）
- 点字学習のプリント（教材1～3）
- 「あ」「め」「ふ」「れ」（識別しやすい点字）の点字が打ってある紙（教材4）

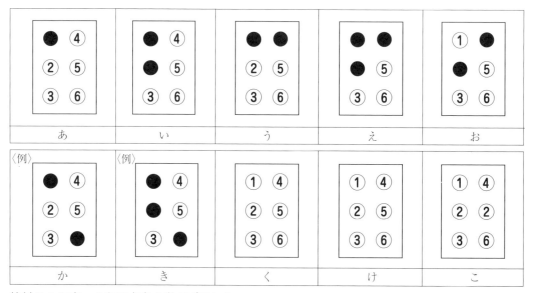

教材1：6点で1マスになっているシート

教材2：母音，カ行の点字を学ぶプリント

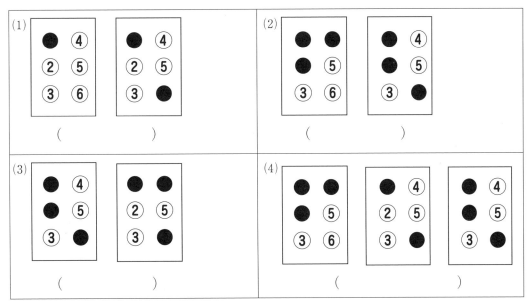

教材3：点字を読むためのプリント（答え：(1)あか，(2)えき，(3)きく，(4)えかき）

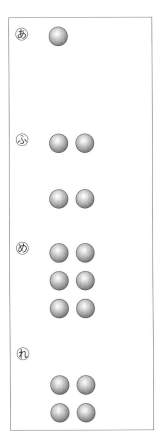

教材4：「あ」「ふ」「め」「れ」の点字学習教材

点字

枝野裕子

　点字は，私たちの日常生活の多くの物や場所に表示されるようになった。例えば，エレベータの開閉ボタンには，「ひらく」「とじる」と書かれた点字がそれぞれ示されている（図1）。

　点字は1マスの6つの点の組み合わせによってできた表音文字である（図2）。かつては，漢点字という8つの点の組み合わせでできた漢字があったが，現在ではあまり使われなくなっている。なお，点字で，数字やアルファベット，記号も表すことができる。

　点字に対して，一般の印刷された文字を墨字と言う。なお，視覚障害のある人のうち，残存視力のある弱視の人は墨字を使って文字の読み書きをしている。

　点字は，発音通りに示すことになっている。例えば，「私は，今日，学校へ行く」という文章であれば，「わたしわ／きょー／がっこーえ／いく」と表記する。また，「わたしわ」などの文節の後に1マス空けるといったきまりがある。

図1　エレベータの開閉ボタンに表示されている点字

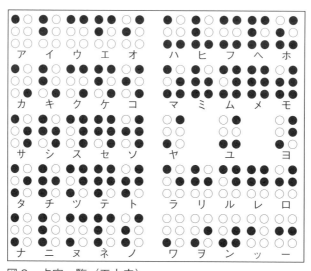

図2　点字一覧（五十音）

11

障害があっても工夫をすれば障害がない人と同じように生活できることを知る④
聴覚障害者とどのように話をすればよいのか

聴覚障害 　　　　　　　　　　　　　　　　　　　　　　　　　　西館有沙

身ぶり手ぶりや，手話・筆談・口話などで会話ができることを体験します。

■児童の様子
- 聴覚障害のある人が手話を使用していることを知っている子どもは多い。
- 手話に関心をもつ子どもは多い一方で，「聴覚障害者のコミュニケーション手段＝手話」であると感じ，それ以外のコミュニケーション手段があることに気がついていない子どもがいる。

■この授業のねらい
- 聴覚障害のある人とのさまざまなコミュニケーション手段を知る。
- 手話や表情，ジェスチャーなどのさまざまな方法を使って話すことの楽しさを感じる。
- 聴覚障害のある人と話をしてみたいという意欲を育む。

■この授業で陥りやすい誤り
☆楽しさよりむずかしさを感じさせてしまう
- 子どもは，手話はむずかしいもの，自分にはわからないものと考えていることがある。そこで，聴覚障害のある人に伝わる工夫を楽しみながら気づけるように促すことが必要である。そのため，子どもに伝える手話は，見ればある程度意味を想像できるものを取り上げて，紹介するようにする。また，子どもの実演に対しては「〜はわかりやすくてよい工夫である」「もっと〜があると伝わる」などのコメントを返していくようにする。
- 聴覚障害のある人にどのように声をかけたらよいかについてもこの授業で扱うとなると，時間がたりないので，その点については事前に学習しておくことが望ましい。

指導案⑪

「聴覚障害者とどのように話をすればよいのか」

小学校高学年向け／教室／総合／45分

	教師のセリフ（●）／児童の反応（★）	備考
導入	1. 本時の活動について説明する ●今日は，耳の不自由な人とどのように話をすればよいかについて考えましょう。	
展開	2. 手話を実践してみる ●みなさんは，手話を知っていますか？ ●耳の不自由な人の中には，手話を使って話をする人がいます。手話とは，手で言葉を表現することであり，手で話す方法です。 ●試しに，「こんにちは」「ありがとう」「よろしく」を，手話でやってみましょう。 ★教師の手話を真似する。 ●先生がいまから，手話で何かを表現します。みなさんは，先生が何を言っているかを当ててください。 ──「雨」「暑い」「寒い」の手話を実演してみせる。 ●手話を知っていると，とても便利ですね。ただし，だれでも手話を使えるというわけではありません。耳の不自由な人の中にも，手話を使わない人がいます。耳の不自由な人と話すためには，ほかの方法を知ることも大切です。 3. 手話以外のコミュニケーション方法を知る ●手話を使わずに，耳の不自由な人たちとどのようにしたら話すことができるでしょうか。何か思いつく人はいませんか？ ★文字を書いて伝える。 ●文字を書いて伝えるのは，とてもよい方法ですね。それを「筆談（ひつだん）」といいます。 ●そのほかに，「口話（こうわ）」という方法もあります。これは，耳の不自由な人に，口の形を見てもらいながら話す方法です。 ★読心術だ。／本当にそれだけでわかるの？ ●では，実際にやってみましょう。いまから先生が，声を出さずに話します。みなさんは先生の口をよく見ていてください。何と言っているかわかりますか？ ★教師の言った内容について考えを述べる。 ●正解は，「わたしは，がっこうに，います」です。 ★わー，あたった。／わからなかった。 ●このように，言葉を短く区切って，口の形をはっきり見せるようにすると，口の形だけで話した内容が伝わりやすくなります。ただし，口話を使ったやりとりだけでは困ることもあります。	• 手話のコラム ⇒ p106 • 「わたしは，がっこうに，います」と声を出さずに口の形をつくる。

	4. ゲームで口話を体験する ●ゲームをしましょう。 　① りんご，いちご，たまご，タバコの絵を教室の前と後ろに1枚ずつ置いておく。 　② 子ども1名に前に出てもらい，教師が声を出さずに口話で伝えたものを，後ろの絵から選んでもらう。 　③ 教師は正解の絵と，子どもが選んだ絵を同時に示す。 　④ 数回行う。 ●「りんご」と「いちご」，「たまご」と「タバコ」はわかりづらかったですね。 ●このように，口の形だけでは正確に伝わらないことがあります。そのため，大切なことを伝えるときは，口話だけでなく，書いて伝えることが必要です。 5. いろいろな方法を使って伝える ●次の資料を読んで，どのようにしたら耳の不自由な友達に思いを伝えられるかについて，グループごとに考えてみましょう。 『教室の窓から雨が降り始めたのが見えました。クラスにいる耳の不自由な友達に，傘を持ってきたかを聞いてみることにしました。もし，その子が持ってきていなかったら，自分は傘を持っているので一緒に帰ろうと声をかけようと思いました』 ●今回は，文字を書いて伝える以外の方法を使います。いろいろな方法を組み合わせて，相手に伝わりやすくなるように，工夫してください。 　★グループごとに話し合う。 ●では，グループごとに耳の不自由な子の役，声をかける役を選んで，話し合ったことを実演してみましょう。 　★グループごとに話し合った結果を実演する。 ●△△のグループは，ジェスチャーがついていたのでわかりやすいですね。◇◇のグループは表情が豊かで感情がとても伝わってきてよかったです。……	・りんご，いちご，たまご，タバコの絵を準備する。 ・資料を読む。 ・ジェスチャーや表情の有効性を伝えるようにする。
まとめ	6. 本時をまとめる ●耳の不自由な人と話す方法はいろいろありましたね。 ●最初に話すとき（話題を示すとき）や，大切なことを話すときは，文字を書いて伝えることが大切です。それ以外にも，ジェスチャーや表情，手話をつけるなどして伝えると，伝わりやすくなります。	

■この授業で押さえておくべき障害に関する知識
- 聴覚障害のある人は，表情や身ぶりを交えながら，筆談や口話，手話などの方法を使ってコミュニケーションをとっている。
- 口話とは，相手の口の形を見て，相手が話している内容を知る方法である。口話法を用いる際には，「わ・た・し・は」というように1語1語を区切るのではなく，「わたしは・しょうがっこうに・かよっています」というように文節で区切り，口の形を大きく表現する。
- 口話法は，一般の人にとって，手話よりも手軽に使うことができるコミュニケーション手段である。ただし，「いちご」と「りんご」のように口の形がまったく同じ単語があるので，口の形を見せるだけでは正確な情報を聴覚障害のある人に伝えることができないことがある。そのため，大切なことを確認するときには，筆談（文字で話をする方法）を用いる必要がある。

■児童の反応と対応
- この授業では，いろいろな方法を使ったコミュニケーションを子どもと試す時間を多くもつので，聴覚障害や聴覚障害のある人に対してネガティブな発言が子どもから出る可能性は低いと考えられる。教師は「聴覚障害のある人のために」ということを強調しすぎないようにし，見て伝わるコミュニケーションの方法を子どもと楽しみ，聴覚障害のある人とコミュニケーションをとることはむずかしいと，子どもが感じて終わることのないように気を配る必要がある。
- 授業を受けて手話を覚えたいと感じる子どもたちのために，自分で調べることができるように，手話に関する図書などを紹介する，あるいは教室に置いておくなどするとよい。

■準備
- りんご，いちご，たまご，タバコの絵（模型）
  それぞれの絵を2つずつ用意しておく。模型や実物を使ってもよい。

12

障害者が日常生活で困ることを知る②
後ろから声をかけられたり，耳元で大きな声を出されると困る

聴覚障害　　　　　　　　　　　　　　　　　　　　　　西館有沙

聴覚障害のある人へ声をかける際の適切な方法・不適切な方法を具体的に学びます。

■児童の様子
- 聴覚障害のある人と接した経験のない子どもが多い。
- 補聴器を知っている子どもと知らない子どもがいる。
- 子どもの中には，補聴器が音を大きくする機械であることを知っている子どもがいるが，そのために，聴覚障害のある人の耳元で大きな声で話すことがよいと誤解していることがある。
- 聴覚障害のある人の立場に立って考えることができる。いっぽうで，聴覚障害のある人への声のかけ方や声をかけるときに配慮すべきことについて知っている子どもはほとんどいない。

■この授業のねらい
- 聴覚障害のある人に声をかける方法や配慮点について知る。
- 補聴器をつけているからといって，耳元で大声を出せばよいというものではないことを知る。

■この授業で陥りやすい誤り
☆コミュニケーションの手段として手話だけを扱う
- 聴覚障害のある人とのコミュニケーション手段に手話があることを知っている子どもはいる。しかし，「手話で声をかければよい」「みんなが手話を覚えればよい」などの意見が出る可能性がある。この意見に教師が「その通りだ」と反応してしまうと，子どもたちは「手話ができなければ聴覚障害のある人とコミュニケーションできない」と考え，聴覚障害のある人と接することにためらいやとまどいを感じることになってしまう。

指導案⑫

「後ろから声をかけられたり，耳元で大きな声を出されると困る」

小学校高学年向け／教室／総合／45分

	教師のセリフ（●）／児童の反応（★）	備考
導入	1. 友達を驚かせる声のかけ方を考える ●みなさんは，後ろから友達を驚かせようと思ったらどのように行動しますか。 　★足音を立てずに近づいて驚かせる動作を実演する。 ●足音を立てないようにして，後ろから突然触ると，前にいた友達はとても驚きますね。 ●このように，音がしなかったのに後ろから突然触られて，とても驚いた経験のある人はいますか？　そのときのことを教えてください。 　★状況や驚いたときの自分の様子，気持ちを話す。	●この授業は，子どもが事例などを通して聴覚障害のある人への適切な声のかけ方に気づいていくことを目的としているので，最初に授業のテーマを伝えることはしない。
展開	2. 背後から声をかけられて驚いた人の事例を出す ●ここで１つたとえ話をします。 ●Ａさんは，前を歩いていた人がハンカチを落としたので，ハンカチを拾い，前の人にわたしてあげようと思い，「落としましたよ」と声をかけながら肩をポンと叩きました。すると前の人はとても驚きました。Ａさんは驚かせようと思ってそっと近づいたわけではありません。なぜ前の人は驚いたのだと思いますか？ 　★考えを述べる。 ●前を歩いていた人には，Ａさんの声や足音が聞こえなかったのですね。なぜＡさんの声や足音が聞こえなかったのでしょうか？ 　★音楽を聴いていた。 　★考え事をしていた。 　★耳が不自由だった。 3. 自分の存在に気づいていない人への声のかけ方を考える ●音楽を聴いたり，考え事をしていたり，耳が不自由であったりする人を驚かせないで声をかけるにはどうしたらよいでしょうか。試してみましょう。 　① 子ども１人にヘッドホンで音楽を聴いていてもらう。 　② 教員が後ろから大声で「すみません」と声をかける。 ●このように大きな声で呼びとめるのはどうでしょうか。 　★周りの人が驚く。 　★耳の不自由な人にはわからない。 ●大声を出すのは周りの人も驚くし，耳の不自由な人にはわからないかもしれないので，ほかの方法を考えたほうがよさそうです。だれか，よい方法を思いついた人はいますか。	●わかりやすいように，紙芝居にまとめるなどしてもよい。 ●最初に，あえて適切でない方法を教師が試してみせる。 ※声をかけられる役は子どもが交代して担う。

	★自分の考えた方法を実演する。 ●後ろから声をかけても気づかない様子の人に声をかけるときに，いきなり肩や背中を触ると，相手の人はとても驚きます。みなさんが考えたように，相手の人の見える位置まで移動して手を振る，文字を書いて見せるなどの工夫をするとよいですね。 4. 補聴器をつけている人への声のかけ方を考える ●（補聴器の写真を見せて）これを耳につけている人がいます。何というか，みなさんは知っていますか？ ★名称や役割について回答する。 ●これは「ほちょうき」といいます。音を聞こえやすくする機械です。耳に補聴器をつけている人に声をかけるときには，どのようにしたらよいでしょうか？ ★考えを述べる。 ●補聴器をつけている人の中には，音が歪んで聞こえる人がいます。例えば，音楽プレーヤーが壊れて音が大きくなったり小さくなったり，遅くなったり早くなったりして，歌詞が聞き取れなくなるような感じです。そのような人に，耳元で大きな声で話をしても，話の内容が伝わりません。 ●補聴器をつけている人は，話している人の口の形を見て，話の内容を知ることができます。大きな声を出すのではなく，話しているときの口が補聴器をつけている人に見えるようにして，口の形をはっきりと作って話しましょう。 ●相手の人が補聴器をつけていても，声をかけるときは，「見て，わかる」方法を使いましょう。相手の人が見える位置に立って，見える位置で手を振る，文字を書いて見せるなどの工夫をするとよいです。 5. 聴覚障害のある人の気持ちを知る ●いまから資料を配ります。耳の聞こえない人の体験したことが書いてあります。みんなで読んでみましょう。 ★資料を読む。	・補聴器の写真（絵）を示す。 ※口の形を見せるときは，1音ずつ区切るのではなく，文節で区切るようにするとよいことを，子どもに伝える。 ×「あ，ん，な，い，し，ま，す」 ○「あんない，します」 ・資料は次ページ。
まとめ	6. 学習した内容をまとめる ●耳の不自由な人は日本の中に約30万人います。耳が不自由であることは，ちょっと見ただけではわからないので，みなさんは気づかないうちに，町の中で耳の不自由な人とすれ違っているかもしれません。	

■この授業で押さえておくべき障害に関する知識

- 補聴器は，難聴者が音の情報を取り込むための補装具である。聴覚に障害のない人は，騒音の中でも話し相手の声に注意を向けて，話の内容を聞き取ることができる。しかし，補聴器はいろいろな音を拾ってしまったり，ノイズが入ったりすることがあるので，騒がしい場所では相手の話が聞き取りにくくなってしまう。最近では，近くの音だけを拾う機能や，雑音を抑える機能が付いた補聴器が開発されてきている。
- 補聴器の改良が進んでいるとはいえ，場所や周囲の状況，聴覚障害のある人の体調などによって「聞こえやすさ」は異なる。「耳元で大声で話せば，聞こえるだろう」という考えは誤りである。補聴器利用者には，耳元で大声で話さない，口の形をはっきりと見せる，大事なことは紙に書いて伝えるという配慮が必要である。
- 聴覚障害のある人や補聴器使用者に声をかける際には，①相手の視界に入ること，②手を振るなどして相手に自分の存在を気づいてもらうこと，③伝えたいことは文字に書いて見せることが大切である。

■児童の反応と対応

- 子どもから「手話を覚えて，手話で話しかければよい」という発言があった場合には，「耳の不自由な人は，全員が手話を使えるわけではない」ことを伝えるようにする。
- 聴覚障害のある人の体験談を読んだ子どもから「自転車のベルや自動車のクラクションの音が聞こえないと危ないので，援助をしてくれる人と一緒に歩いたほうがよい」という発言があった場合は，子どもに「買い物をするときも遊びに行くときも，ちょっと散歩をするときも，いつもそばに手伝ってくれる人がいたらうれしいか」「そのように思うのはなぜか」を問いかけてみる。その後，いつもそばにだれかがいてくれるのは，気持ちはありがたいけれど，1人で歩きたいこともあるので必ずしもうれしいと思うときばかりではないこと，自分1人で歩いているときに困った場合には，周りの人に少しだけ手伝ってもらえるとうれしいことを伝える。

■使用した教材

- 音楽プレーヤーとヘッドホン（1組）
- 補聴器の写真（絵）
- 聴覚障害のある人の体験談が書かれた資料

＜耳の聞こえない人の体験談＞

- 私が歩道を歩いていたら，後ろからやってきた自転車にのっている人が，怒った顔をして私に話しかけてきました。私がとまどっていると，その人は怒ったまま，自転車に乗って行ってしまいました。

　きっと，自転車のベルをならしたのに，私がよけなかったので，怒ったのだと思います。「あの人は，私が自転車のベルの音をわざと聞こえないふりをしているのだと思ったのだろうな。私にはベルの音が聞こえないのに…。」と悲しくなりました。

13

障害者の生活上の工夫を知る①
自分たちが生活する町の中のバリアと工夫

肢体不自由　　　　　　　　　　　　　　　　西舘有沙

身障者マークの付いた施設や設備を見つけ，なぜそのような工夫がされているのかを考えます。

■児童の様子
- 肢体不自由のある人と接した経験のない子どもが多い。
- 車いす使用者が段差や障害物のある道にバリアを感じていることについては，知っている子どもが多い。

■この授業のねらい
- 肢体不自由のある人が1人でも移動できるように，街中には多くのバリアフリーのための設備があることを知る。
- 肢体不自由のある人が感じているバリアを解消するために，自分たちにも気をつけなければならないことやできることがあると気づく。

■この授業で陥りやすい誤り
☆車いすの不自由な面ばかりを伝える
- 障害のある人にとってのバリアのみを扱うと，肢体不自由のある人が1人で移動することはむずかしいと子どもが感じることがある。そのため，バリアを解消する設備についてもあわせて説明を行うようにする。また，周りの人が手伝うことで，肢体不自由のある人がバリアを感じずにすむことを伝える。

指導案⑬

「自分たちが生活する町の中のバリアと工夫」

小学校高学年向け／教室／総合／45分

	教師のセリフ（●）／児童の反応（★）	備考
導入	1. 本時の活動について説明する ●みなさんが住んでいる町の中で，多くの人が利用する建物は何ですか？ 　★スーパー／図書館／デパート　など ●みなさんがあげてくれた場所は，みなさんのような小学生だけでなく，障害のある人や，ベビーカーを押している人，お年寄りなど，いろいろな人が利用するところですね。 ●そのような建物では，いろいろな人が使いやすいように，さまざまな工夫をしています。 ●今日は，車いすを使う人のために，どのような工夫があるのかを考えてみましょう。	●車いすのコラム 　⇒p127
展開	2. 身障者マークの付いている設備が身近にあることに気づく ●ヒントは，これです。 ●このマークがどのようなところについているか，知っていますか？ 　★トイレ／エレベータ／駐車場／歩行者用 　　信号の押しボタン機／スロープ　など ●みなさんよく知っていますね。実際に，私たちの住む町の中のどこにこのマークがありますか。 　★具体的な場所をあげる。 ●これは「身障者マーク」といいます。体の不自由な人でも利用できる工夫がしてあるところに，身障者マークが付けられています。 ●工夫が必してあるということは，もともとその場所には，体の不自由な人が利用できない問題があったということです。 ●「身障者マーク」が付いている場所に，どのような問題があるのかを具体的に見てみましょう。 ●まずはこちらを見てください。この坂道は「スロープ」といいます。 ●スロープは何のためにあると思いますか？ 　★段差のある場所を通れない車いすの人のため。 　★階段を上がるのが大変なお年寄りのため。 ●なるほど，段差や階段に困る人がいるから，スロープがあるのですね。 ●エレベータにも身障者マークが付いていることがあります。これも，車いすを使う人たちが，階段やエスカレータを使えないためです。	●身障者マークを見せる。 ●スロープの写真を見せる。

	●駅や市役所，デパートなど，さまざまな人が利用する建物には，スロープやエレベータが必要ですね。 ●さて，こちらを見てください。これは，身障者マークの付いたトイレの中の様子です。 ●普通のトイレと違うところを探してみましょう。 　★違いをあげる。 ●普通のトイレは狭くて，車いすのままトイレの中に入れません。また，手すりがないと，つかまって車いすから便座へ移ることができません。車いすを使を使う人は，身障者マークの付いたトイレがないと困ってしまいます。 3. 自分たちがつくるバリアについて考える ●これまで見てきたように，スロープなどの工夫がたくさんあると，車いすの人は安心して道を移動したり，建物を利用したりすることができます。 ●この写真を見てください。車いすを使う人が利用しやすいように作られた駐車スペースです。車から車いすを出し入れしやすいように，一般のスペースよりも幅が広くなっています。この駐車スペースがないと，車いすを使う人は車をとめられません。 ●しかし，このスペースはどれだけの数があるでしょうか？　スーパーなどでは，何台分ぐらいのスペースがありましたか？ 　★うちの近くのスーパーは２台分ぐらいしかない。 ●はい。その通りです。身障者マークの付いたスペースは数が少ないですね。 ●駅や市役所，デパートなど，さまざまな人が利用する建物には，スロープやエレベータが必要ですね。 ●そこに，このスペースを使わなくてもいい人，つまり一般のスペースにとめることができる人がとめてしまうと，どうなりますか？ 　★車いすを使う人が困る。 ●そうですね。もしも，おうちの人が身障者マークの付いたスペースに車をとめようとしていたら，車いすを使う人が困るので，別のところにとめるように伝えてください。私たちが工夫すれば，車いすを使う人は安心して町を移動することができます。	・身障者用トイレの写真を見せる。 ・障害者用駐車スペースの写真を見せる。
ま と め	4. 授業をまとめる ●今日は，町の中に身体の不自由な人が安心して生活することができるための設備がいろいろとあることを学びました。 ●しかし，その設備を使わなくてもいい人がその設備を使ってしまっているために，ほんとうに使いたい人が使えなくなってしまうことがあります。私たちは，体が不自由な人の設備はどんな工夫がされているのかをよく知り，それがないと困ってしまう人がいることを忘れないようにしなければなりません。	

■この授業で押さえておくべき障害に関する知識
- 身障者マーク(車いすのシンボルサイン)は,トイレやスロープ,エレベータ,障害者用駐車スペース,車いす用の改札口などに表示されている。
- 例えば,スロープがあってもその上に自転車が置かれていたり,車いす使用者がエレベータに乗り込もうとしても先に乗っている人がスペースを空けてくれなかったりするなど,人が新たなバリアをつくりだしてしまうことがある。バリアフリー設備の上に障害物を置かない,設備の上に自転車やごみがあったら移動させる,設備を使えるようにスペースを空けるという心がけが大切である。

■児童の反応と対応
- 「段差をなくして,平らな道にすればよい」「すべてのトイレを広くして,車いすの人が使えるようにしたらよい」「障害者用駐車スペースの数を増やせばよい」といった意見が出た場合は,すべての段差をなくすことはむずかしいこと,視覚障害のある人にとっては歩道と車道の境がわかる段差があったほうがよいこと,すべてのトイレや駐車スペースの幅を広くすると全体の個数(台数)が減ってしまうことなどに,子どもが気づけるように促していく。また,少ないバリアフリー設備を体の不自由な人が使えるように,周りの人が配慮することの大切さに気づかせていく。

スロープの写真(例)

身障者用トイレの写真(例)

障害者用駐車スペースの写真(例)

■準備
- 身障者マーク
- バリアフリー設備(スロープと身障者用トイレ,障害者用駐車スペース)の写真・絵
  写真は,子どもたちの身近な場所で撮影したものを用いることが望ましい。
- 絵本『みんながつかうたてものだから』(2010年,偕成社)や『ユニバーサルデザインとバリアフリーの図鑑』(2013年,ポプラ社)は,フォローアップ資料として活用することができる。

14

障害があっても工夫をすれば障害のない人と同じように生活できることを知る⑤
視覚障害者のための生活上の工夫

　　　　　　　　　　　　　　　　　　　　　　　　　　　水野智美
`視覚障害`

テレビの副音声，パッケージの形状など，身近なものから生活のための工夫を発見します。

■児童の様子
- 教科書やテレビなどで，視覚障害のある人を見ることがあるため，視覚障害のある人が視覚的な情報を得られないことによって，生活上でどのようなことに困難があるのか曖昧ではあるがイメージできている。
- 視覚障害のある人の中には，点字を用いて，字を読んだり書いたりしている人がいることを学習している。

■この授業のねらい
- この授業では，視覚障害のある人のための生活上の工夫を知ることで，視覚障害のある人も自分たちと同様の生活を送っていることを実感できることが求められる。できるだけ子どもたちがふだん使用しているものを利用して，身近なものにどのような工夫がされているのかを考えさせたい。
- 生活上の工夫があることによって，視覚障害のある人が1人でも，安全かつ快適に生活できていることを実感させる。

■この授業で陥りやすい誤り
☆支援の必要性を強調する
- 私たちが日常生活で使用するものの中には，視覚障害のある人が手で触っただけではわからないものがある。それらを持ち出し，「工夫がされておらず，視覚障害のある人が困っている」ことを強調して，「視覚障害のある人に手伝ってあげる必要がある」と結論づけることをしないでほしい。この授業では，「工夫をすれば視覚障害のある人も自分たちと同様の生活を送ることができる」ことを実感し，より身近に感じるための知識を子どもたちに伝えることが最大の目的である。

指導案⑭

「視覚障害者のための生活上の工夫」

小学校高学年向け／教室／道徳・社会科など／45分

	教師のセリフ（●）／児童の反応（★）	備考
導入	1. 視覚障害のある人が，自分と同じ生活が可能であるのかを考える ●みなさんは，昨日，テレビを見ましたか？ テレビを見た人は，何を見たか，その内容を教えてください。 ★視聴したテレビの内容を答える。 ●楽しいテレビ番組を見た人がたくさんいましたね。 ●さて，今日は目の見えない人の生活を考えていきたいのですが，目の見えない人はみなさんと同じように，テレビを見ていると思いますか？ ★映像が見えないから見ていないと思う。 ★音だけを聞いて楽しめると思う。	
展開	2. 視覚障害のある人が自分たちと同じように生活していることを知る ●答えを言う前に，もう1つクイズを出します。目の見えない人は，どうやってニュースを知ると思いますか？ ★家の人に教えてもらう。／ラジオで聞く。 ●家の人に教えてもらったり，ラジオでニュース番組を聞く人もいますが，実は多くの人がテレビのニュース番組を見ています。 ●いま，驚いた顔をした人が何人もいましたね。テレビ画面を見られなかったら，ニュースの内容がわからないと思うかもしれませんが，アナウンサーが話す内容で，だいたいのことは想像できるそうです。 ●では，ドラマやアニメはどうでしょうか？ 急に場面が変わってしまったり，いきなり新しい登場人物が出てきたりして，ニュースよりも画面を見ていないと，話の内容がわかりづらいですね。 ●ドラマやアニメは見ることができないと思う人はいますか？ その理由を教えてください。 ★見えないと，だれが話しているのかがわからないから。 ●だれが出てきたのか，どのような状況なのかがわかれば，目の見えない人も見ることができるでしょうか？ ●実は，目の見えない人がドラマやアニメを楽しむことができるように，最近は「副音声」という取り組みがされるようになってきています。ストーリーの邪魔にならないように気をつけながら，「いま，だれが話しているのか」「どの場面になったのか」を音声で教えてくれるのです。これならば，ドラマやアニメも見ることができますね。	・可能であれば，副音声のあるアニメの一部分を実際に見せるとよい。

	3. 視覚障害のある人がわかるための工夫を体験する (1) シャンプーとリンス ●みなさんがふだん使っているシャンプーやリンスの容器は，同じような形をしていますね。目をつぶったら，どちらがシャンプーの容器であるか，わかると思いますか？ ●実は，シャンプーの容器の横に，手でさわってわかる線が入っています。リンスにはありません。 ●班にシャンプーとリンスの容器を1つずつ配ります。班の中で順番にシャンプーとリンスの容器の違いがわかるかを，目をつぶって当ててみてください。 ●目をつぶっても，シャンプーとリンスの違いがわかりましたね。 (2) 牛乳とジュース ●牛乳パックと同じように，パックの容器に入っているお茶やジュースがあります。これは，どのように区別しているのでしょうか？ ●実は，牛乳パックの上のほうには，半円状に切り込みが入っています。切り込みがあるのが牛乳パック，ないのがそのほかの飲み物であると思えば，わかりやすいですね。 ●これも班で違いがわかるかどうかを体験してください。 (3) お金（コイン） ●みんなが使っているお金は，目の見えない人は区別できるのでしょうか？ ●50円玉と100円玉は，どのように区別していると思いますか？ 　★真ん中に穴があいているかどうか。 ●50円玉には穴があいているけれど，100円玉には穴がありません。これでわかりますね。 ●では100円玉と10円玉には穴がありません。どうやって区別していると思いますか？ 　★外側にギザギザがあるかどうか。 ●その通りです。外側にギザギザがあるか，穴があるかといった手がかりでわかりますね。ただし，古い10円玉には外側にギザギザがついているものがあります。目の見えない人がそれを持っていたら，10円玉であることを教えてあげてください。	●シャンプーの容器の側面に入っている線を見せる。 ●班にシャンプーとリンスの容器を配る。 ●1L入りの牛乳パックとジュースのパックの上部の写真を見せる。 ●班に牛乳パックとジュースのパックを見せる。 ●50円玉，100円玉を拡大したイラストを見せる。 ●10円玉，100円玉を拡大したイラストを見せる。
ま と め	**4. 本時のまとめをする** ●今日は，みんながふだん，生活している中で使っているものにも，目が見えない人が使える工夫がされていることがわかりました。これによって，目の見えない人も，私たちと同じように生活していることが感じられましたね。 ●家に帰ったら，家にあるものを見回して，ほかにどのような工夫があるのかを探してきてください。明日，発表してもらいます。	

■この授業で押さえておくべき障害に関する知識

- 障害のある人が一般の人々と同様に生活できるように，障害のある人を対象として行われているサービスや，障害のある人が主に使うために工夫された生活支援用具がある。また，一般の人々が使っているものに少し工夫をすることによって障害のある人が使えるように配慮されたものがある。
- テレビの「副音声」は，視覚障害のある人，聴覚障害のある人のために行われているサービスである。視覚障害のある人には画面に映る状況などを音声情報で流すことによって，聴覚障害のある人には登場人物のセリフなどを字幕で示すことによって，それぞれテレビを楽しむことができるようになっている。
- 生活支援用具は，音声や触覚を利用して視覚障害のある人が使用できるように工夫されている。例えば時計は，文字盤を手で触って時間がわかるようになっていたり，音声で時刻が流れるようになっている。また，体重計も音声でわかるようになっているが，プライバシーを守るためにイヤホンで他者に聞こえないようにする配慮もされている。
- 最近では，電化製品や食料品などを中心に，点字が付けられているものが増えてきた。そのほかにも，パソコンのキーボードのFとJのキーの上に突起があったり，テレビのリモコンや電話の数字の「5」に突起があったりするなど，日常で自分たちが使っているものの中にも視覚障害のある人が触ってわかるように工夫された手がかりがある。

■児童の反応と対応

- シャンプーの容器，牛乳のパック，硬貨などの触察体験で，「自分は触ってもわからない」と感じる子どもがいる。視覚障害のある人も，触ったらすぐにわかるのではなく，手がかりを用いてそれが何であるのかを知るための練習を繰り返して，日常生活が送れるようになっていること，自分たちも練習をすればわかるようになってくることを伝えてほしい。

■使用した教材

- シャンプー，リンス，牛乳パック，硬貨
  牛乳パックの切り込みはパックの上部を写真に撮り，拡大する。硬貨については，子どもに見やすいように，拡大したサイズのイラストを描く。
- 『ユニバーサルデザインとバリアフリーの図鑑』（ポプラ社）にさまざまな道具が示されているので，参考にしてほしい。

15

障害者の生活上の工夫を知る②
肢体不自由のある人が日常生活で行っている工夫

肢体不自由　　　　　　　　　　　　　　　　　　　　　西館有沙

絵本の主人公・夏海と級友たちの学校生活を読んで，どんな工夫をしているかを学びます。

■児童の様子
- 肢体不自由のある人の存在には気づいているものの，接した経験のある子どもはほとんどいない。
- 肢体不自由のある人が困ることについて想像することはできるが，日常生活をどのように送っているかについては，知らない子どもが多い。

■この授業のねらい
- 本人や周りの人が工夫をすれば，肢体不自由のある人は一人でいろいろなことができることに気づく。

■この授業で陥りやすい誤り
☆障害の大変さばかりを強調する
- この授業で大切なことは，工夫をすれば肢体不自由のある人は一人でいろいろなことができ，楽しんで生活を送れることを子どもが感じられることである。また，自分たちはどのような工夫をしたらよいかを考えられるようにすることである。したがって，障害のある人の苦労を強調して，「だから援助が必要である」と教師が一方的に援助の必要性を伝えて終わることのないようにする。

☆障害のある人の努力だけをクローズアップする
- 「努力をして，何でも一人でできるようにしている」と伝えることをしないでほしい。肢体不自由のある人だけが努力するのではなく，周りが工夫することが大切であると子どもが感じられるようにする。

指導案⑮

「肢体不自由のある人が日常生活で行っている工夫」

小学校高学年向け／教室／総合／45分

	教師のセリフ（●）／児童の反応（★）	備考
導入	1. 本時の活動について説明する ●手足の不自由な人は、どのような生活を送っているのでしょうか。楽しい生活かな。それともつらくて苦しい生活かな。私たちと同じように生活することはできるのかな。 ●今日は一緒にそのことを考えてみましょう。	●絵本のコラム ⇒p58
展開	2. 絵本を読み聞かせる ●まずは、この本を一緒に読んでみましょう。 『ゆめ，ぜったいかなえるよ』 監修：北村小夜，文：嶋田泰子，写真：内藤裕，ポプラ社 《あらすじ》 　夏海さんは小学3年生である。筋肉の力が弱いので、学校の中を移動するときは先生におぶってもらったり、車いすに乗っている。授業は障害のない子どもと一緒に受けており、掃除もマラソンもできる形で取り組んでいる。 3. 絵本をもとに肢体不自由のある子どもの学校生活について考える ●学校にいるときの夏海さんは、どのような様子ですか。 　★楽しそう。／友達と一緒でうれしそう。 ●夏海さんは学校でたくさん笑っていましたね。 ●お母さんがずっとそばについて手伝ってくれると楽かもしれないけれど、夏海さんは「友達と自由に話せない」と言っています。みなさんもお母さんがずっと横にいて手伝ってくれたら、ちょっと嫌かな？ ●夏海さんは、お母さんに手伝ってもらわなくてもよいように、学校でいろいろな工夫をします。夏海さんの工夫を思い出してみましょう。 ●まず掃除のときには、どのような工夫があったでしょうか。 　★はたきを使っていた。 ●どうして夏海さんは、はたきを使っていたのでしょうか。 　★はたきは軽い。／雑巾がけなどと違って力がいらない。 ●ほかにも、夏海さんにできそうな掃除の方法を考えてみましょう。 　★力をそれほど必要としない掃除方法をあげる。 ●夏海さんは、体育の時間には、どうしていましたか。 　★みんなと一緒にマラソンはできないが、歩いて参加していた。	●絵本のp2～p35までを読み聞かせる。 ●解説する際には、本の写真を見せる。また、子どもが本の内容を思い出せないときにも、写真を見せるようにする。

	●夏海さんは走れないけれど，コースの内側を歩けば，友達と一緒に体育ができますね。 ●夏海さんは算数や英語などの勉強の時間に手伝いが必要でしたか。 　★特に手伝いは必要なかった。 ●どうして手伝いは必要なかったのでしょうか。 　★座っているだけで動かないから。 　★手は自由に使えるから。 ●夏海さんの友達は，どのような手伝いをしていましたか。 　★掃除道具の片付けを手伝っていた。 　★給食の片付けを手伝っていた。 　★車いすを押してあげていた。 　★夏海さんにぶつからないように気をつけていた。 ●なぜ，友達は掃除道具や給食を片付けてあげたのでしょうか。夏海さんが自分で片付ければよいのではないでしょうか？ 　★道具をしまうロッカーまで歩くのが大変だから。 　★給食のお盆は重いから。 ●夏海さんは少しなら歩けるのに，どうして車いすを使っているのでしょうか。 　★廊下で人とぶつかったらすぐに転んでしまうから。 ●教室の中は，クラスの友達がみんなぶつからないように気をつけてくれれば大丈夫だけれど，廊下はいろいろな人が通ります。夏海さんのことを知らない人が夏海さんにぶつかってしまうかもしれません。だから，いろいろな人が通るところでは，車いすを使うのですね。 ●夏海さんの車いすは赤のチェックです。よく見ると，タイヤにイラストがついていて，かわいいですね。 ●夏海さんの学校の水道には，工夫が1つありました。どのような工夫だったか，覚えていますか。 　★力の弱い人でも蛇口をひねることができるようになっていた。 ●みなさん，蛇口をひねる動作をしてみましょう。 ●一般的な蛇口を開けるためには，指の力が必要です。しかし，写真のようなレバーであれば，指をかけて，腕の力も使って引っ張ることができます。蛇口を閉めるときはレバーを押せばよいので，指の力は必要ないですね。このようなレバーが付いていると，力の弱い小さな子どもでも1人で蛇口を開け閉めできます。	●車いすのコラム 　⇒p127 ●ペットボトルなどのキャップを簡単に開けられるキャップオープナーなどを使って説明するとわかりやすい。
まとめ	4. 授業のまとめをする ●手足が不自由な人と周りの人が一緒に工夫をすると，手足の不自由な人も周りの人も楽しく生活することができますね。 ●手足の不自由な人が楽しく生活するための工夫はたくさんあります。いろいろ考えてみてください。	

■この授業で押さえておくべき障害に関する知識

- 肢体不自由のある人は，体のある部分が思うように動かせなかったり，欠損していたりする。動かせない，あるいは欠損している部位によって困ることは異なる。そのため，人によって指を使った動作がむずかしい，ものを持つことや手でものを動かすことがむずかしい，歩けるけれども転びやすい，長い距離を歩けない，まったく歩けない，首から下が動かせないといったことが起こる。
- 手が思うように動かない人のために，蛇口やキャップのオープナー，片手で使えるはさみ，弱い力で切れる爪切りなどの道具が開発されている。また，自動ドアの開閉ボタンを押しやすいように大きくする，手すりを付けるなど，バリアフリー設備の設置も進められている。歩行に支障がある人のためには，杖やクラッチ（腕の力が弱い人のための杖），手動の車いす，電動車いすなどの道具や機器がある。これらの道具や機器，設備を使うことで，肢体不自由のある人は日常のさまざまな動作を自立して行うことができる。

■児童の反応と対応

- 「どうして夏海さん（絵本の主人公）は，手の力が弱いの」「どうしてあまり歩けないの」といったように，障害の原因を知りたがる子どもが出てくる可能性がある。しかし，絵本の中に主人公の少女の具体的な障害名は記されていない。ここでは，「夏海さんがどうして手足が弱いのかはわからないけれど，手足が不自由になるのには病気や事故など，さまざまな理由がある」ことを伝えるにとどめる。

■使用した教材

- 読み聞かせ用の絵本『ゆめ，ぜったいかなえるよ』（2006年発行，ポプラ社）

16

障害者が日常生活で困ることを知る③
点字ブロック上の障害物

視覚障害　　　　　　　　　　　　　　　　　　　　水野智美

点字ブロックの設置の仕方を考えることによって，ブロックが表す意味と目的を学びます。

■生徒の様子
- 小学校のときに，生活科・社会科・中学校の公民などで，点字ブロックは視覚障害のある人が安全に歩行するために設置されていることを学んでいる。また，日常生活の中で，頻繁に点字ブロックを見る機会がある。しかし，具体的に点字ブロックが，どのような仕組みで設置されているのか，視覚障害のある人がどのように利用しているのかを知らない。

■この授業のねらい
- 視覚障害のある人が安全に安心して歩行するための点字ブロックが，どのような仕組みで設置されているのかを知る。
- 点字ブロック上に障害物があることによって，視覚障害のある人が安全に歩くことができなくなることを知り，自分たちに何ができるのかを考える。

■この授業で陥りやすい誤り
☆バリアの発見で終わらせてしまう
- 点字ブロック上に障害物が置かれていることは，よくある光景である。ブロック上にどのような障害物があるのかを探すだけで終わってしまわないようにしたい。

指導案⑯

「点字ブロック上の障害物」

中学校向け／教室／道徳・公民・特別活動など／50分

	教師のセリフ（●）／生徒の反応（★）	備考
導入	1. 身近に点字ブロックが設置されていることに気づく ●（点字ブロックの写真を見せて）この写真に描かれている黄色い線を何といいますか？ ★点字ブロック ●点字ブロックは何のためにあるのでしょうか？ ★目の見えない人が歩きやすくなるため。 ●はい。そうです。視覚障害のある人が安全に歩くために設置されていますね。 ●では、点字ブロックをどこで見かけるでしょうか？ ★横断歩道の前／歩道／スーパーの入り口／駅のホーム　など	● 点字ブロックであることがはっきりわかる写真を見せる。 ● 点字ブロックのコラム⇒P105
展開	2. 点字ブロックの仕組みを知る ●点字ブロックには2種類あることを知っていますか？ ●（警告ブロックのイラスト：教材1を出して）1つは、点状の突起でできている「警告ブロック」といいます。 ●（誘導ブロックのイラスト：教材2を出して）もう1つは、線状の突起でできている「誘導ブロック」といいます。 ●警告ブロックは、その先に危険なものがあるなど、立ち止まる必要のある場所に設置されています。誘導ブロックは、線の方向に沿って歩けば安全であることを示しています。 ●では、駅のホームに設置されているのはどちらでしょうか？ ★警告ブロック ●はい、そうです。警告ブロックは、そのほかに階段の前、障害物の前、誘導ブロックが交差するところに設置されています。 3. 点字ブロックの設置の仕方を考える ●いま配ったプリントの左側の点字ブロックをはさみで1枚ずつ切り離してください。	● 教材1、教材2のイラストを見せる。

	●切り離したら，横断歩道の手前には，点字ブロックをどのように設置したらよいのかを考えて置いてみてください。 ●では，横断歩道の手前の点字ブロックのはり方をだれかに前に出てきてもらって，黒板にはってもらいます。 （2，3人の生徒をあてて，答えさせる）⇒正解を示す。 ●車道に飛び出すと危険なので，横断歩道のすぐ前は，警告ブロックになります。警告ブロックまでの歩道には，誘導ブロックが設置されています。今日，学校からの帰り道で，このように設置されているかどうかを確認してください。 **4．点字ブロックに関して，自分たちができることを考える** ●（点字ブロック上に自転車が置いてある写真を見せて）この写真を見てください。この場面で，視覚障害のある人が点字ブロックの上を歩いてきたら，どうなるでしょうか？ 　★自転車にぶつかってけがをする。 ●そうです。先ほど，説明したように，誘導ブロックの上は，線の方向に沿って歩けば安全であると視覚障害のある人は思っています。しかし，安全であるはずの点字ブロックの上に物が置かれていると，視覚障害のある人が転んでけがをしてしまうことになります。自転車だけでなく，ごみが置かれていたり自動車が駐車されていたりすることがあります。 ●では，点字ブロックの上の障害物をなくすために，自分たちに何ができるのかをグループで話し合ってください。 　★点字ブロックの上にものを置かないようにする。 　★点字ブロック上に自転車がとめてあればどける。 　★点字ブロックの上にものを置かないように，近くの壁にポスターをはる…。 ●自分たちが点字ブロックの上に障害物を置かないことはもちろんのこと，周囲の人にもその大切さをわかってもらうための働きかけが必要ですね。	・教材3を配り，点字ブロックを切り離させる。その後，切り離したブロックを用いて，横断歩道手前の点字ブロックの設置の方法を考えさせる。 ・拡大した点字ブロックを用意する。 ・点字ブロック上に自転車が放置されている写真を見せる。 ・自転車以外の障害物が点字ブロック上に置かれている写真を見せる。
ま と め	**5．本時のまとめをする** ●今日は，点字ブロックについて勉強しました。街のあちらこちらに点字ブロックが設置されていますが，これまで注意して見た経験は少なかったと思います。また，点字ブロックの上に障害物を置いてしまった経験がある人もいることでしょう。点字ブロックは視覚障害のある人が安全に歩くために重要な設備です。これからは，絶対に点字ブロックの上にものを置かないでください。	

■この授業で押さえておくべき障害に関する知識
- 点字ブロックの情報については,『点字ブロック－日本発 視覚障害者が世界を安全に歩くために－』(福村出版, 2011年) を参考にしてほしい。

■生徒の反応と対応
- 「いくら点字ブロックがあっても,自分は目が見えない状態で外を歩くことができない。視覚障害のある人はすごい」と考える生徒がいる。生徒がそのように考えることは当たり前のことであるが,視覚障害のある人は何年も歩行の訓練を受けて,点字ブロックを使って歩くことができるようになっており,必ずしも初めから一人で移動できたわけではないことを伝えてほしい。

■準備
- 点字ブロックの写真……適正に設置されている点字ブロックの写真を撮り,どのような設置が適切であるのかを生徒に見せる。
- 警告ブロック,誘導ブロックのイラストの拡大版にマグネットをつけたもの

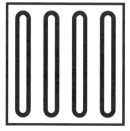

教材1：誘導ブロック

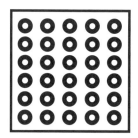

教材2：警告ブロック

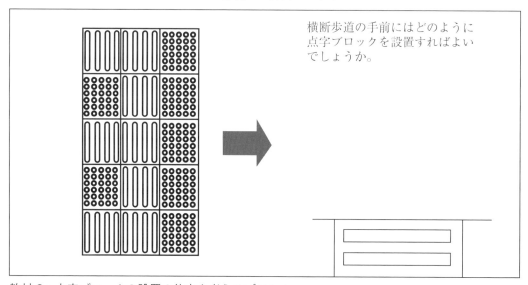

教材3：点字ブロックの設置の仕方を考えるプリント

点字ブロック

枝野裕子

　点字ブロック（正式名称は，視覚障害者誘導用ブロックであるが，この本では点字ブロックと記す）は，視覚障害のある人が安全に移動するための設備である。1967年に岡山県内の国道に設置されて以降，日本だけでなく，世界に普及するようになった。

　点字ブロックには2種類ある。移動方向を示す「誘導ブロック（線状ブロック）」（教材1）と，注意すべき位置を示す「警告ブロック（点状ブロック）」（教材2）である。

　誘導ブロックは，視覚障害のある人がブロックの突起を足裏あるいは白杖で確認して，突起の方向に従って進むことができるように設置されており，視覚障害のある人がその上を安全に歩行できることが前提となっている。警告ブロックは，階段前，横断歩道前，誘導ブロックが交差する分岐点，案内板の前，障害物の前，駅のホームの端などに設置されている。

　日本では，点字ブロックは，「視覚障害者誘導用ブロック設置指針・同解説」，「道路の移動円滑化整備ガイドライン」に基づき，各自治体の条例などに従って設置されている。しかし，現在，設置されている点字ブロックは，設置の仕方が適切でなかったり，不統一であったりする個所が多数，存在する。点字ブロックを頼りにして歩いたところ，設置の仕方が適切でなかったために，階段から落ちてしまった，横断歩道に飛び出してしまった，車道に迷い出てしまったという視覚障害のある人は多い。行政などによって，点字ブロックの設置の誤りを直すことが求められているが，適正に設置され直すまでに時間のかかる箇所がある。その場合には，視覚障害のある人にけががないよう，近くにいる者が声をかけ，支援をする環境をつくっていかなくてはならない。

　また，点字ブロック上に自転車やごみ箱，店の商品などの障害物が置かれてしまうケースが後を絶たない。子どものころから，点字ブロックは視覚障害のある人にとってなくてはならない設備であること，その上に障害物を置いてはならないことを伝えていくとともに，一般の人々にも同様の啓発活動が必要になる。

コラム 5

手話

西館有沙

　手話とは，腕や手，指，顔の部位（目元や口，舌などの動き）を使う言語のことで，名詞や動詞，形容詞などの単語を，決められた手指の動きに表情などをつけて表す。

　手指の動きで表される単語は，手話単語と言う。それに加えて手話には，ひらがな「あ，い，う…」やアルファベット「a，b，c…」の1字ずつを指で表す指文字がある。固有名詞など，手話単語を使って表せない言葉がある場合などには，指文字を使う。

　手話は声を使う音声言語とは違い，目で見てわかる身ぶりや表情を使うので，視覚言語あるいは非音声言語などとよばれている。

　手話は，耳の聞こえない人たちが会話をする方法として開発された言語である。国際連合が2006年に採択した障害者の権利条約には，「『言語』とは，音声言語及び手話その他の形態の非音声言語をいう」と記されており，現在では言語の一つとして広く認識されている。なお，手話は，もともと地域において自然発生的に作り出された言語であり，現在も国や地域によって，それぞれの手話を使用している。

　ここで，手話と音声言語を比べてみよう。例えば手話は，騒がしい場所でも，相手が離れたところにいても問題なく会話ができるという点では，音声言語より便利である。一方で，相手の身ぶりや表情を見なければならないので，自動車の運転中などのように，視線を相手に向けられない，あるいは手を使えない状況では会話がむずかしくなる。

　聴覚障害のある人にとって手話は，文字を書いてやりとりをする「筆談」に比べてスムーズに会話できる言語である。しかし，手話を使っている人は，聴覚障害のある人の約2割程度であるといわれている。この理由として，年配の聴覚障害者の中には手話を学んでいない人が多くいること，難聴の人（聞こえにくさはあっても，音を聞くことのできる人）は，補聴器と口話（相手の口の形を読む方法），筆談を用いて会話する場合が多いことがあげられる。

　最近では，特別支援学校の授業で教師が手話を使うケースが増えており，手話を使うことのできる聴覚障害のある人は以前より増えてきたと考えられるが，その割合は少ないのが現状である。したがって，「聴覚障害者のコミュニケーション手段＝手話」と考えるのは，間違いである。

17

障害者が日常生活で困ることを知る④
みんなが話している内容がわからないと疎外感がある

聴覚障害　　　　　　　　　　　　　　　　　　　　　　　西館有沙

聞こえない体験を通して，どのような困り感があるのかを学びます。

■生徒の様子
- 聴覚障害のある人と接した経験がない生徒が多い。
- ふだんの会話において，その会話の輪にいるメンバーに配慮した話し方などについて，意識したことのある生徒は少ない。

■この授業のねらい
- 自分たちが配慮をせずに会話を楽しむと，自分たちにそのつもりがなくても，配慮を受けられなかった聴覚障害のある人が寂しい思いや疎外感をもつことに気づく。
- 自分たちが配慮をすることで，聴覚障害のある人が会話の輪に入ることができることに気づく。

■この授業で陥りやすい誤り
☆むずかしさばかりを感じさせてしまう
- ロールプレイによって，口話法やジェスチャー，筆談のむずかしさを過度に感じてしまうと，生徒は，聴覚障害のある人とコミュニケーションをとることに気おくれしてしまう。あるいは，聴覚障害のある人は援助を受けても話の内容を十分に理解できないかわいそうな存在であると感じてしまう。
- そのようなことがないよう，聴覚障害のある人の実際のコミュニケーションについて伝えていく必要がある。聴覚障害のある人とのコミュニケーションの方法に関して，基礎的な知識を伝える教育（p81～p84参照）を事前に行っておくことが望ましい。

指導案⑰

「みんなが話している内容がわからないと疎外感がある」

中学校向け／教室／道徳・総合／50分

	教師のセリフ（●）／生徒の反応（★）	備考
導入	1. 本時の活動について説明する ●聴覚障害のある人に，私たちの社会はどのように情報を提供しているでしょうか。 ●例えば，テレビのニュースを聴覚障害のある人にもわかるようにするために，どのような工夫があるでしょうか？ ★手話放送／字幕放送 ●そうですね。テレビには字幕放送や手話放送があります。また，電車やバスの車内には電光掲示板があります。 ●テレビのニュースや交通機関の情報などを受け取ることができないと，とても困ります。例えば，地震などの速報や電車の遅延情報などは重要ですよね。 ●それでは，みなさんが休み時間にするおしゃべりは，どうでしょうか。みなさんのおしゃべりを聞き漏らすと，とても困るとか，命の危険を感じるということはなさそうですが，話の内容がわからないとどのように感じるでしょうか？	・字幕による情報提供の事例や手話通訳がつく事例を紹介する。
展開	2. ロールプレイをする ●いまからグループに分かれて活動します。 ●まず，グループの1人に耳栓をつけて，その上からイヤーマフをしてもらいます。耳栓をつけている人は，言葉を話してはいけません。自分からメンバーに働きかけてもいけません。耳栓をはずしてよいという合図をするまで，そのままの状態でいてください。 (1) ロールプレイ① ●（グループ内のメンバー1名に耳栓とイヤーマフをつけさせてから）ほかの人たちは，これから配る紙に書いてあるテーマについて話をしてください。 ★8分間，自分の好きなテレビ番組について話す。 ●いったん話をやめてください。 (2) ロールプレイ② ●ここからは，耳栓をつけている人にも話の内容がわかるように，また，耳栓をつけている人が自分からも発言できるように，口の形を大きく表現して見せたり，紙に書いてやりとりをしたり，ジェスチャーを交えて話したりしてみてください。 ★8分間，給食メニューの人気ランキングを5位まで考える。 3. ロールプレイでの体験をもとに話し合う ●各グループのメンバーは，耳栓をつけている人に，はずすように	・1グループは5人ほどで構成する。

と伝えてください。
- ●ロールプレイ①，②のそれぞれにおいて，どのような気持ちになったのかについて，耳栓をつけている人に話を聞いてみましょう。
- ●まず，ロールプレイ①ではどうでしたか？
  - ★何を言ってるのかわからないし，話せなくてつまらなかった。
  - ★わからないのに聞こえるふりをしてニコニコしてしまった。
  - ★自分がいない人みたいに扱われて悲しかった。
- ●おしゃべりをしている友達のそばにいても，話の内容がわからないとつまらないし，○○などと感じた人もいたようですね。また，おしゃべりをしている人が気を遣って目を向けていても，話の内容がわからなければ「もしかして私のことを話しているのかな」と不安になってしまうことがあります。
- ●耳栓をつけた人が体験した時間はとても短かったけれど，いつもこの状態が続くと思うと，先生ならば寂しいし，仲間外れにされているのかな，悪口を言われていないかなと，不安を感じてしまいます。
- ●さて，みなさんはロールプレイ②で，自分たちなりにいろいろ工夫をして，耳栓をつけている人に話の内容を伝えました。
- ●そこで，グループの中で，話を伝えるのに工夫したこと，苦労したことについて話し合ってみましょう。
- ●耳栓をつけていた人は，わかりやすかった工夫，わかりにくかった工夫について感想を出してください。
  - ★グループ内で話し合う。

4. 話し合った内容を発表する
- ●各グループで話し合ったことについて発表してください。
  - ★ジェスチャーで伝えてから，紙に書いて確かめるようにした。
  - ★単語は，口の形でも，意外と伝わった。
  - ★（聞こえない役で）間違ったことを言ってしまわないかとドキドキした。
  - ★手話ができたら便利だと思った。

まとめ

5. 本時を振り返る
- ●聴覚に障害のある人は，日本国内に約30万人います。これまでに接する機会がなかったかもしれませんが，これから高校や大学で，あるいは職場で聴覚に障害のある人と一緒になるかもしれません。今日の内容をもとに，聴覚に障害のある人にどのように話の内容を伝えたらよいかを自分なりに考えてみましょう。

■この授業で押さえておくべき障害に関する知識

- 聴覚障害のある人は，複数の健聴者（聴覚に障害のない人）と話す場合に，話の内容を把握できないことや，話の進む速さに追いつけないことがある。
- 例えば職場では，会議や研修において外部に情報が漏れないように，手話通訳がつかなかったり，同僚たちとの会話に参加できなかったりするために，聴覚障害のある人が職場になじめず，孤立感を強めることがある。これによって離職をしてしまう聴覚障害のある人もいる。
- 聴覚障害のある人とのコミュニケーションのあり方を考えるにあたっては，1対1だけでなく，複数人で話す場面においても，情報をいかに保障するかという視点をもつ必要がある。具体的な方法としては，複数人で話をする際には，手話通訳をつける，ノートテイク（ノートやパソコンの文書機能を用いて，話の要点を書いて伝える方法）を行うなどの方法がある。
- 聴覚障害のある人への情報保障の必要性とその方法を私たちが知っておくことが，聴覚障害のある人の孤立を防ぐうえで大切である。

■生徒の反応と対応

- ロールプレイ①，②において，耳栓をつけた生徒から「話がわからなくてむかついた」などのネガティブな反応が出てもよい。また，「気にならない」などの反応が出たときには，「今回だけの一時的な体験だと思うと気にせずにすむかもしれない」と伝え，常にこの状態が続く場合とは異なることに生徒が気づけるようにする。
- ロールプレイ②において，耳栓をつけた生徒から「気を遣われているようで嫌だった」という反応があったときは，常にこの状態が続くことを想像したときに，気を遣われていることと，情報をもらえずにいることと，どちらが不快かを考えてみる必要があることを伝える。
- ロールプレイを行う際に生徒たちに話してもらう話題は，生徒たちのふだんの仲のよさに関係なく楽しんで話せる内容（例えば，今週見たテレビの話など）を選ぶようにする。

■準備

- 耳栓，イヤーマフ

18

障害者に対する援助方法を知る①
視覚障害者の手引きの仕方

視覚障害　　　　　　　　　　　　　　　　　　　水野智美

目隠し歩行体験で，視覚障害のある人の手引きの仕方を学びます。

■生徒の様子
- 視覚障害のある人が移動の際に困難を感じていることは，教科書や道徳副読本を通して認識している。また，視覚障害のある人が道で困っていたら，支援を申し出たいという気持ちはある。しかし，どのように声をかけたり，手引きをすればよいのかがわからず，躊躇してしまう状況にある。

■この授業のねらい
- 視覚障害のある人に対する適切な手引きの仕方を学び，視覚障害のある人が必要とする場面に遭遇した際に，正しく支援をすることができるようにする。

■この授業で陥りやすい誤り
☆**手引きの方法を具体的に指導しない**
- 障害のある人を支援したいという気持ちを育てることを重視して，支援の方法を十分に伝えないケースが，学校教育の中で非常に多くみられるが，それは大きな間違いである。視覚障害のある人にとって，不適切な方法で支援されることは，けがや事故につながる可能性があるため，迷惑と言わざるを得ない。手引きおよび目隠し歩行の体験を実施する前に，視覚障害のある人に対する正しい手引きの仕方を十分に生徒に伝えておかなくてはならない。

☆**体験の時間が短く，不安だけを感じさせる**
- 初めて目隠し歩行体験をする際には，だれもが不安や恐怖を感じる。しかし，生徒が感じた不安や恐怖を視覚障害のある人が日常生活の中で常に感じているわけではない。それを混同して，「視覚障害のある人はいつも不安の中で生きているから，手を貸さなければならない」と指導することは間違いである。
- 生徒が目隠しした状態に慣れ，不安や恐怖を少なくするために，目隠し歩行体験には少なくとも1人15分以上の時間をかける。また，補助の教師をつけ，平坦な場所で安全に行うことを第一に考えなければならない。階段の登り降りは生徒に恐怖感を強く与えることになるため，授業では扱わないほうがよい。

指導案⑱

「視覚障害者の手引きの仕方」

中学校向け／体育館／特別活動／100分

	教師のセリフ（●）／生徒の反応（★）	備考
導入	1. 視覚障害のある人が日常生活の中で困ることを考えさせる ●みなさんは，目の見えない人のことを，道徳や特別活動，さまざまな教科で勉強してきました。目の見えない人が日常生活を送るうえで，何に困っていたかを思い出して，発表してください。 　★文字が読めない。／触っても，それが何であるのかがわからいものがある。／周りの様子が見えない。 ●そうですね。目から入る情報を取り入れることができないので，文字を読んだり，状況を判断することに困難がありますね。また，外を歩くときは，信号の色が見えなかったり，車が来るどうかを目で見て確認ができない人がいます。 ●このように，情報を取り入れたり移動したりするときに，視覚障害のある人は困ることがあるといわれています。 ●今日は，目の見えない人が道で困っていたときに，どのように手引きをすればよいのかを勉強します。	
展開	2. 視覚障害のある人に対する手引きの仕方を説明する ●では，A先生（補助の教員）は目が見えないとします。これから，A先生を手引きする方法を3つ示します。どの方法が最も安全であるかを考えながら見てください。 　①腕をひっぱって歩く　②背中を押しながら歩く 　③A先生の半歩前に立ち，A先生にひじをかるくつかんでもらって歩く ●さて，どれが安全な手引きの仕方だと思いましたか？ 　★3番 ●なぜ1番や2番は安全ではないのでしょうか？ 　★1番の方法は，A先生が怖がっていたから。 　★視覚障害者のペースに合わせて歩いていないと思う。 　★2番の方法は，視覚障害のある人は前に何があるかわからないのに，後ろから押されて，怖いと思う。／視覚障害のある人の足元に障害物があっても，押している人はわからない。 ●1番は，視覚障害のある人にとって，非常に恐怖を感じる手引きの仕方です。手引きの人と視覚障害のある人の間に少し距離ができるので，視覚障害のある人は，自分の足元がどうなっているのか，目の前に本当に障害物がないのかが不安になって，歩きづらいですね。 ●2番のように，手引きの人が後ろから押すと，手引きの人には視覚障害のある人の足元の障害物が見えないので，障害物があった	・1番目の方法では，わざと大げさに手をひっぱる。 ・2番目の方法では，後ろから力強く押す。 ・A先生は，1番目，2番目の方法では，わざと怖がったり，びっくりしながら歩く。

112

	ら視覚障害のある人は転んでけがをすることになります。 ●3番は，半歩前に手引きの人がいますし，ひじをつかんでもらって歩くと，道の状態もわかりやすいので，安全です。 ●では，正しい手引きの仕方をもう一度，学習します。 　①手引きの人は，視覚障害のある人の左側または右側の半歩手前に立ちます。視覚障害のある人にひじをつかんでもらいます。 　②狭い道では，視覚障害のある人と縦1列に並び，視覚障害のある人がひじを持つ手と同じ側の肩に手を置いてもらいます。 **3．2人1組で目隠し歩行体験をする** ●では，お隣同士，2人1組で目隠し歩行体験をします。目隠しをした人は，次のことにしっかり注意してください。 　①手引きをする人のひじをしっかりつかむ。 　②もう片方の手は，肩の力を抜いてしっかりと降ろしておく。不安に思って前や横に手を伸ばすと，ものにぶつかってしまう。 　③怖いからといって，すり足で歩くと，かえって小さな段差につまずいてしまうので，しっかりと足を上げて歩く。 ●体験の時間は1人25分です。最初の約10分は，体育館の前半分を使って，手引きの練習をします。先生が声をかけたら，体育館の後方に先生が作ったコースの上を歩いてもらいます。 ●コースには，跳箱で道幅が狭くなっているところや，障害物がある箇所，マットが敷いてあって足裏の感触が異なるところなどがあります。ぶつからないように誘導したり，目隠しをしている人が不安にならないよう，その都度伝えたりしてください。 ●では，目隠しをする役，手引き役を決めてください。役割が決まったら，アイマスクで目隠しをして待っていてください。 ●手引き役の人は，正しい手引きのスタイルをとってください。 ●1組ずつの歩き方をチェックします。指導してもらったグループから，体育館の前の広いところを歩き始めてください。 **4．体験の振り返りをする** ●6人組みになり，体験を振り返ります。 　★狭くなったり，足元に障害物があったりしたとき，立ち止まって声をかけてくれると安心した。／周りの様子を教えてくれるとうれしかった。／おしゃべりに夢中になって，声をかけ忘れると，視覚障害のある人が障害物にぶつかってしまう。	・視覚障害のある人が左手で手引きの人のひじを持つとしたら，狭い道では，手引きの人の左の肩に手を置く。 ・A先生に視覚障害のある人の役になってもらい，正しい手引きの仕方を伝える。 ・練習してからコースを歩かせる。 ・25分経過したら，役割を交代する。 ・交代後，跳び箱やマットの位置を変更して，目隠しをしている人にコースがわからないようにする。 ・「安心できた手引きの仕方」「少し不安を感じた手引きの仕方」を体験から具体的に考えさせる。
まとめ	**5．本時のまとめをする** ●適切に手引きをすれば，視覚障害のある人の支援になりますが，間違った方法ではかえって視覚障害のある人を不安にさせてしまいます。今日，学んだ手引きの仕方をしっかりと覚えておいてください。	

■この授業で押さえておくべき障害に関する知識

- 視覚障害のある人が，移動の際に最も不安を感じたり危険な思いをしたりする場所は，横断歩道である。必ずしもすべての横断歩道に，音響装置の付いた信号機があるわけではない。音響装置のない横断歩道では，視覚障害のある人は，車の音や周囲の人が渡っている（あるいは止まっている）様子をうかがって，渡りだすタイミングを計っている。横断歩道の前で視覚障害のある人が立ち止まっていれば，手引きを申し出ると視覚障害のある人は安心して通行することができる。
- ただし，視覚障害のある人が困っている様子がなく歩いているのであれば，手引きを申し出る必要はない。必要なのは，視覚障害のある人が困っているときに，いかに適切に援助ができるかである。

■生徒の反応と対応

- 生徒が目隠し歩行体験をした際に，「怖い」という発言をすることが予測される。しかし，生徒が感じた不安や恐怖を視覚障害のある人が日常生活の中で常に感じているわけではない。そこで，「いままで視覚的な情報に頼りながら歩いていた人が，急にその情報がなくなるので，怖いと思いましたね」などと生徒が感じた恐怖心を受け入れつつ，「視覚障害のある人は視覚以外を使って歩く訓練をたくさんしたので，みんなが感じたような不安や恐怖を感じているわけではありません」と伝える。
- 授業の補助を行う教員を確保し，安全に配慮して行う。

■準備

- アイマスク
- 狭い道を作るための跳び箱などの器具。
  目隠し歩行体験，手引き体験をする際に歩くコースを体育館の中に作っておく。

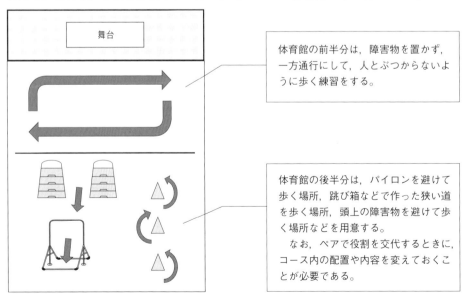

1 身体障害に関する理解教育

19

障害者に対する援助方法を知る②
車いす使用者に対する介助方法

肢体不自由

西館有沙

適切な車いすの押し方や，援助があると助かる場面を具体的に学びます。

■生徒の様子
- 肢体不自由のある人と接した経験のある生徒，肢体不自由のある人の介助をした経験のある生徒は少ない。
- 車いす使用者が段差などで困ることについては，知識をもっている生徒が多い。
- 車いす使用者の介助のノウハウについては具体的に知らない生徒が多い。

■この授業のねらい
- 車いす使用者を介助するときに，どのようなことに気をつけるべきかを知ることで，介助に関心をもてるようにする。
- 車いす介助の具体的な方法を知る。
- どのような場面で介助が必要になるかを知る。

■この授業で陥りやすい誤り
☆介助方法や介助の必要な場面を具体的に指導しない
- 車いす使用者の介助について伝える際に，思いやりの気持ちの大切さのみを強調しない。例えば，車いす使用者がいかに困っているかを伝え，その困難への共感を促して「車いす使用者を見かけたら，思いやりの気持ちをもって手伝うことが大切である」とまとめるだけでは，援助をしようという気持ちは高まるが，適切な方法で介助を行わなくてはならないという考えをもつことはできない。
- また，車いす使用者はいつでも手伝いを必要としている，というのは誤りである。そのため，常に車いす使用者が手伝いを必要としているわけではないこと，介助の仕方を誤るとお互いがけがをする危険性があるので，適切に援助することが必要であることを伝えるようにする。

指導案⑲

「車いす使用者に対する介助方法」

中学校向け／教室／総合／50分

	教師のセリフ（●）／生徒の反応（★）	備考
導入	1. 本時の活動について説明する ●みなさんは，町の中で車いすを使用する人が困っているとき，手伝いをすることはできますか。また，車いすを使用する人の介助をした経験はありますか。 ★介助経験はない。／車いすを押したことがある。	● 車いすのコラム ⇒ p127
展開	2. 車いす使用者への介助を試す (1) 危険な介助について知る。 ●ここに車いすがあります。だれかにここに座ってもらいましょう。 ●車いすに乗ったら，手は必ずひざの上に置いてください。 ●この車いすを，先生がいろいろと動かしてみたいと思います。 ●まず1番目の動きです…… ●（少し間を開けて）次に2番目の動きです……。 ①前に押す。 ②前輪を持ち上げる。 ③持ち上げていた前輪をドスンと下ろす。 ④後輪を浮かして車いすを前方に傾ける。 ●車いすに乗っていた△さんに話を聞いてみましょう。 ・いちばん驚いたのは，どの動きでしたか。まったく驚かなかった動きはありますか。 ・車いすが突然動くことについて，どう感じましたか。 ・車いすの後輪を浮かして車いすを前方に傾けたとき，あなたの体はどのようになりましたか。 ●△さん，ご協力をありがとう。 (2) 介助が必要な場面について知る。 ●ここで，ゲームをしましょう。 ●（車いす使用者の腰あるいは胸の高さほどの台を用意する）この台の上にあるペンを車いすに乗っている人に取ってもらいます。 ●まず，車いすを押す人は，台の正面から車いすを少しずつ台に近づけ，足がぶつからないぎりぎりのところでとめましょう。このとき，車いすの足元を確認してはいけませんよ。 ●次に，車いすを正面から台のぎりぎりまで近づけた状態で，車いすに乗っている人は，台の上にあるペンに手を伸ばしてみましょう。届きますか？ ●正面から，台の上のものを取るのは，むずかしいようですね。そ	● 車いすに乗っている生徒に，いつ動くかわからないように突然車いすを動かす。いずれも動かす前にどのような行動をとるかは説明しない。 ● 車いすが前方に傾くと，体をうまく支えられない肢体不自由のある人が車いすからずり落ちてしまうかもしれないことを確認する。 ● 介助者からは車いす使用者の足元が見えないので，台に車いすを近づけすぎると，車いす使用者の足が台にぶつかってしまうことを確認する。

れでは，車いすを押す係の◇さん，工夫をして，車いすに乗っている〇さんの手がペンに届くようにしてください。

3. 車いす使用者の介助における留意点について話し合う
- さて，これまでに見てきたことをもとに，車いすを使用する人を介助するときに，具体的な場面でどのようなことに気をつけなくてはならないかについて話し合いましょう。
- 各グループで5個の留意点をあげてみましょう。もちろん，5個以上の留意点をあげてもよいです。
  - ★5人1組ほどのグループを作って話し合う。
- 話し合った結果を発表してください。
  - ★話し合った結果を発表する。

4. 車いすの介助方法を伝える
- いろいろな留意点が出ました。それでは，介助の方法を整理してみましょう。大切なことをまとめた資料を配ります。
  - ——資料をもとに，だれも乗っていない車いすを使いながら説明を行う。

- p118の資料を配る。

5. 介助の申し出が必要な場面について伝える
- 車いす使用者が介助を必要とするのは，どのような状況でしょうか。
  - ★段差のある場所／急な坂道
- 具体的には，乗り越えられない段差，急な坂道，開き戸，側溝の溝などに車いすの前輪が挟まったときです。
- 例えば，車いす使用者のために階段のわきなどに設置されたスロープ（坂道）であっても，車いす使用者が1人で通行できないところがあります。そういったところでは介助が必要になることを知っておきましょう。
- 開き戸というのは，ドアを押したり引いたりして開け閉めする場所のことをいいます。車いす使用者が片手でそのようなドアを開けながら，ドアを通り抜けるのはむずかしいので，そのような場所では，ドアを開けておいてあげるとよいですね。

まとめ

6. 授業のまとめをする
- 今日は，車いす使用者をどのように介助したらよいかについて，具体的に考えました。困っている車いす使用者を見かけたら，車いす使用者が安心できる正しい方法で手伝いましょう。

■**この授業で押さえておくべき障害に関する知識**

- 「思いやりをもって車いす使用者の手伝いをしたい」「車いす使用者を見かけたら手伝いたい」などの生徒の気持ちは，援助への意識の高まりであると評価できるが，不適切な介助では，車いす使用者と介助者の双方がけがをする可能性がある。必ず，適切な介助方法について考えられるように促していく。
- 車いす使用者の介助における留意点については，下記の資料を参考のこと。

■**準備**

- 車いす1台
  車いすは，学校にあるものを活用することができる。校内に適当な車いすがない場合は，社会福祉協議会など，福祉教育教材として車いすの貸し出しを行っているところがあるので，問い合わせてみるとよい。
- 車いす使用者の腰あるいは胸の高さぐらいの台，ペンなどの小物1つ。
- 資料：車いす使用者の介助における留意点（下記）

〔車いす使用者を介助するときに気をつけること〕

①車いす使用者の手伝いをするときは，まず手伝いが必要かどうかを確かめる。

②車いすを動かす前に，乗っている人の手が車輪に巻き込まれないように，手が車輪に触れていないかを確かめる。

③車いすを動かすときは，前もってどのように動かすかを説明する。

例）前輪（キャスター）を持ち上げます，前に進みます。

④段差を乗り越えるときは，車いすの後ろにあるティッピングレバーを踏んで，前輪を持ち上げる。

⑤持ち上げた前輪を下ろすときはゆっくり静かに下ろす。

⑥急な坂道を下るとき，段差を降りるときは，車いすが前に傾いて乗っている人がずり落ちることのないように，後ろ向きに降りる。

坂道を上るときは，ひじを曲げて，車いすと自分の体が離れないようにする（車いすと自分の体が離れると，バランスをくずして転びやすくなる）。

⑦自動ドアを通るときなどに，車いす使用者の足がドアにぶつからないように気をつける。

⑧テーブルなどの上にあるものに車いす使用者の手が届くようにするためには，車いすを横づけにする。

⑨介助している車いすから手を離すときは，必ずブレーキをかける。

⑩自分ひとりで手伝いができないと判断したら，無理をしない。ほかの大人を呼ぶ。

20

同じ社会の一員として尊重し合う①
障害のある人と共に生きるために

　聴覚障害　　　　　　　　　　　　　　　　　　　　　　　西館有沙

「耳の聞こえない人ばかりの社会に住んでいたら」というシミュレーションをします。

■生徒の様子
- 聴覚障害のある人と接した経験のある生徒はほとんどいない。
- 聴覚障害のある人が手話を使ってコミュニケーションをとることを知っている生徒は多い。

■この授業のねらい
- 障害のある人と共に生きるとはどういうことかについて考える。
- 自分が社会の中で困難な立場にある状態を想像することで，障害のある人の立場から共に生きる社会について考える。

■この授業で陥りやすい誤り
☆正解ありきの展開になる
- 障害のある人と共に生きるとはどういうことかを考えようとする気持ちが高まらない段階で，教師が「共生社会を目指さなくてはならない」「共に生きるために〜しなくてはならない」などと自らの考えを押しつけてしまうことは，避けなくてはならない。
- そのため，授業のテーマ「障害のある人と共に生きるために」は，生徒に伝えずに授業を進める。先にテーマを伝えると，生徒が教師の意図を推測し，その通りに授業を進めなくてはならないと感じ，自ら考えようとすることをやめてしまう可能性があるためである。
- ここでは，障害のある人と共に生きるとはどういうことかを考える時間をもつことが重要であるため，一方的に知識を与えて終わる授業とならないようにする。
- 聴覚障害のある人のコミュニケーション方法（手話や口話，筆談など）や，聴覚障害のある人が支援を受けられずに困ることについては，事前に知識を得ておくことが望ましい。

指導案⑳

「障害のある人と共に生きるために」

中学校向け／教室／公民・総合／100分

	教師のセリフ（●）／生徒の反応（★）	備考
導入	1. 本時の活動について説明する ●今日は、もしもあなたが、このような社会で生活していたらどのような困難が生じるかを想像してみましょう。	
展開	2. 資料をもとに話し合う ●まず、資料を読みましょう。 「あなたが住んでいるのは、耳の聞こえない人ばかりの社会です。あなたのように耳が聞こえて声でやりとりをする人は、とても少ないです。耳の聞こえない人たちは、手話を使ってやりとりをしています。……」 ●次の4つについて、グループで話し合ってみましょう。 1）あなたがこの話の主人公だったとしたら、どのような気持ちになりますか。 2）レストランの店員の対応①と②について、なぜこのような対応の違いが生じたのでしょうか。 3）あなたはレストランの店員、電車の駅員に、どのような対応をお願いしたいですか。 4）レストランの店員の対応①～③のそれぞれに対して、あなたならどのような態度をとりますか。 ●自分の感じたこと、考えたことを素直に出してみましょう。 3. 話し合った結果を発表する ●それでは、各グループで出た意見を教えてください。 ★グループごとに発表する。 ※教師は、出た意見を板書する。 ●店員や駅員に対して、いろいろな感情が出されました。何人かの人に、なぜそのような気持ちになったのかについての理由を聞いてみたいと思います。 ★理由を答える。 ●よくわからないという人もいたけれども、例えば「腹が立つ」という感情の背景には「店員や駅員はいろいろな人に合わせた対応をとれなくてはならない」という思いがあるのかもしれません。「仕方ない」と感じた背景には「店員や駅員にそこまで要求するのは厳しすぎる」という考えがあるのかもしれません。	・p122の資料を読む。 ・5人1組ほどのグループに分かれて意見を出し合う。

	●店員の対応①と②の違いはどうでしょうか。	
	●みなさんの考えや先生自身の考えも合わせると，手話ができない人もいるということを店員が知っていたかどうか，手話ができない人とどのようにコミュニケーションをとったらよいかを店員が知っていたかどうかで，対応に違いが生じるためかもしれませんね。	
	●みなさんが店員や駅員にお願いしたい対応はどうでしょうか。	
	●店員にも駅員にも，あなたにもわかる方法で情報を伝えてほしいという意見があがっていますね。特に，電車やバスが途中で止まってしまったときの情報や，地震などの災害の情報は，できるだけ早くほしいものです。そのようなときに，どのような人にも伝わる方法を使って情報を伝えることは大切ですね。	
	●最後に，①，②，③それぞれの対応に対して，みなさんがどのような態度をとるかをみていきましょう。	
	●①の対応をとった店員に対しては，こちらが不快な思いをしていることが伝わるような態度をとる人がいるようですね。②や③では，店員に対して好意的な態度をとる人が多いようです。ただ，同じような気持ちでも，人によってとる態度は少しずつ違いますね。	
	4. 障害者と共に生きる社会をつくるために何が必要かを考える	
	●では，私たちがいま住んでいる社会に目を向けてみましょう。	
	●資料の中では耳の聞こえる人のほうが少数でしたが，現実には耳が聞こえる人のほうが多いのが私たちの住む社会です。耳の不自由な人は，さきほどのような思いを社会の中のさまざまな場面で経験しています。	
	●私たちがお互いによい関係をつくって一緒に生きていくためには，いったい何が必要なのでしょうか。	
	●この時間に感じたこと，考えたことをもとに，グループで話し合ってみましょう。	
	★言葉が通じないことよりも，最初から拒否されることがいちばん悲しいとわかった。	
	★手話ができなくても，わかろうと思うことが大切。	
	★大切な情報は，障害者の人にもわかるように，いろいろな方法で流す必要がある。	
まとめ	**5. 本時を振り返る** ●最後に話し合ったことを，各自が紙にまとめてみましょう。また，自分の感想も紙に書いてみましょう。	

■ **この授業で押さえておくべき障害に関する知識**

- 耳が聞こえないために必要な情報が得られないことは，生活をするうえで大きな支障が生じる。しかし，聴覚障害のある人から声をかけられたときに，一般の人たちが返事をせずに逃げてしまったり，コミュニケーションをとることをためらったりすることのほうが，聴覚障害のある人にとっては大きなバリアを感じる。聴覚障害のある人がわかる方法でコミュニケーションをとろうとする姿勢を一般の人たちが示すことで，聴覚障害のある人が安心して生活できることを知っておきたい。

■ **生徒の反応と対応**

- 生徒から，手話を使う人たちや社会に対して，怒りやあきらめなどのネガティブな感情が表出されてもよい。それを否定せず，なぜそのような感情をもったか，どうすればそのような感情をもたずにすむかを考えることを促す。

■ **準備**

- 資料「もしもあなたが，手話を使う聴覚障害のある人ばかりの社会で生活していたら」

あなたが住んでいるのは，耳の聞こえない人ばかりの社会です。
あなたのように耳が聞こえて声でやりとりをする人は，とても少ないです。
耳の聞こえない人たちは，手話を使ってやりとりをしています。

＜レストランで＞
　耳の聞こえない人は，遠くにいる人と手話を使って話ができます。そのため，レストランの店員はテーブルのところまで注文を取りに来てくれません。
　耳の聞こえない人たちは席に座り，メニューを見て注文が決まると，遠くにいる店員に手話で食べたいものを注文します。あなたは手話ができないので席を立って，店員のところまでメニューを持っていき，メニューを指さして，店員に「これがほしい」と伝えるようにしています。
　ときどき，あなたが手話を使えないことに気づかずに，手話で話しかけてくる店員がいます。あなたがあわてて手話を使えないことをジェスチャーで伝えると，店員の中には驚いた顔をして，気まずそうにほかの店員に目くばせをして助けを求める人がいます（①）。いっぽうで，「ちょっと待って」というジェスチャーをしてメモ帳を取りに行き，文字でやりとりをしてくれる店員もいます（②）。

　この後，ある店員が，あなたが支払いを終えて帰るときに「ありがとう」と声をかけてくれました（③）。その人の発音は上手ではなかったけれど，あなたにわかる言葉を使ってくれたのでした。

＜電車内で＞
　あなたが電車に乗ったときのことです。
　電車がある駅でずっと停車したまま動きません。すると，電車についているモニター（画面）に駅員が映り，乗客に向けて手話で何かを伝えています。この手話放送を見て，ほかの乗客は電車を降りたり，電車に残ってメールを打ったりしています。
　あなたには，電車が止まっている理由や，電車がいつになったら動くのかということがわからないので，この電車を降りてバスに乗り換えたほうがよいかどうかの判断がつきません。あなたは，友達と待ち合わせをしているのですが，その友達にどのように連絡したらよいものか，悩んでしまいました。

21

同じ社会の一員として尊重し合う②
障害者は社会参加を阻まれることがある

肢体不自由　　　　　　　　　　　　　　　　　　　　　　西館有沙

乗り物や店で障害者がサービスを拒否されることがあるという事実を知り，自分にできることを考える。

■生徒の様子
- 肢体不自由のある人が入店拒否や乗車拒否をされたときの気持ちを，これまでに真剣に考えたことがない。
- 肢体不自由のある人の社会参加を進めるために，物理的なバリアフリーを図る必要性を感じている生徒は多いが，店員や運転手，周囲の客に求められる対応や配慮について具体的に考えた経験のある生徒は少ない。

■この授業のねらい
- 自分あるいは自分の仲間が店に入れないという状況を想像することで，乗車拒否や入店拒否をされるときの悲しさを知る。
- 肢体不自由のある人がなぜ乗車拒否や入店拒否をされるのかについて考える。
- 肢体不自由のある人が入店拒否や乗車拒否をされる現状について，改善が必要であるという意識や，改善するための方策を考えようとする意識を高める。

■この授業で陥りやすい誤り
☆物理的なバリアフリーの話で終わる
- スロープを付ける，エレベータを付けるなどの物理的なバリアフリーを進めれば，肢体不自由のある人の社会参加は進むという結論を出して終わるのでは不十分である。心理的なバリアをどう解消したらよいのかに生徒の目が向くように促す必要がある。
- 生徒から，物理的な環境を整えるべきという意見ばかりが出たときは，店員や客が対応や配慮をしていくことで，問題を解決する方法に目を向けられるように導いていく。

指導案㉑

「障害者は社会参加を阻まれることがある」

中学校向け／教室／総合／45 分

	教師のセリフ（●）／生徒の反応（★）	備考
導入	1. 本時の活動について説明する ●この中で，バスの乗車を拒否された経験がある人はいますか。 ★ない。／混んでいて乗れなかったことがある。	
展開	2. バスの乗車拒否や店の入店拒否の理由を考える ●たとえ話をします。ある日を境に，血液型が A 型の人はバスの運転手から「お客さんはバスに乗車できません」と断られるようになりました。店に入ろうとした際にも，店員から「お客さんは，A 型なので入れません」と断られてしまいます。 ●もしこんなことがあったら，A 型の人は，どのような気持ちになりますか。そのほかの血液型の人は，A 型の友達と一緒にいてこのようなことが起こったとき，どのような気持ちになりますか。 ★悲しい／腹が立つ ●実は，車いす使用者は，バスに乗せてもらえなかったり，店に入ることを拒否されたりすることがあります。そのときには，先ほどの A 型の人が感じたような気持ちになります。 ●バスと店は，なぜ車いす使用者を断ることがあるのでしょうか。それぞれについて理由を考えてみましょう。 【バス】★段差がある。／車いす用のスペースがない。／通路が狭い。 【お店】★段差がある。／通路が狭い。／トイレが狭い ●店の場合，入口や店内に段差がある，通路が狭くて車いすでは通れない，テーブルが高くて車いすに乗ったままでは手が届きにくいなどの事情が，入店を断る背景にあるようです。また，車いすがあることで，ほかのお客さんが通る通路がふさがってしまうということもあるでしょう。 ●車いす使用者の援助方法がわからない，車いす使用者の援助に時間をかけると，ほかのお客さんが嫌がると感じるかもしれないと考えて，店員や運転手がしり込みしてしまうこともあります。 ●「車いす使用者は店のいすに座ることができない」「車いす使用者は 1 人で移動したり運賃を払ったりできない」と勝手に判断されて，拒否につながる場合もあるようです。 ●車いすを例にあげましたが，ベビーカーを押す人なども，同じ経験をしていると思います。	・たとえ話をする。 ・サービスを拒否されることがある事実を知らせる。 ・受け入れられない店側の事情も説明する。

	3. 乗車や入店の拒否について，改善策を考える (1) 物理的なバリアフリーについて考える。 ●それでは，このような場合に，バスの乗車拒否や店の入店拒否は仕方ないことだとあきらめてしまってよいでしょうか。 　★店が狭いなどは仕方ない。 　★段差をなくすなどのバリアフリーを整備すればいい。 　★店員や運転手が手伝えばいい。／周りの人が手伝えばいい。 ●みなさんは，ノンステップバスという言葉を聞いたことはありますか？　ノンステップバスは，車内の出入口に段差がありません。これにより，車いすを使用している人や足の不自由な人，ベビーカーを押す人などがバスに乗車しやすくなっています。このようなバスは通路が広く，車いす用のスペースがあって，さまざまな人が乗れる設計になっています。 ●車いす使用者が利用できるように，段差をなくしたり通路幅を広げたりするなどのバリアフリー化がいっそう進むとよいですね。 (2) 周りの人の対応について考える。 ●さきほど，周りの人が援助する必要性をあげてくれた人がいました。ここで，資料1を読んでみましょう。 ●資料1のように，ノンステップバスであっても，車いす使用者が乗車できないことがあるようです。 ●このような場合に，「次のバスやエレベータを待てばよい」という考えはどうでしょうか？ ●いろいろな意見が出でました。 ●それでは次に，資料2を読んでみましょう。 ●2つの資料を読んで，みなさんはどのように感じたでしょうか。 ●あなたが，資料1の場面で，バスやエレベータの入口に立っていたとしたらどうしますか？ 　★移動してスペースをあける。 　★エレベータを降りてエスカレータや階段を利用する ●ノンステップバスやエレベータ内が混んでいるときに，車いす使用者が乗り込もうとする場面では，資料2のことを踏まえて，みんなが協力し合ってスペースを空けるなどの配慮があると，車いす使用者はとても助かります。	・ノンステップバスや，車内の車いす用スペースなどの写真を見せるとよい。 ・資料を配る。この時点では資料1のみを配り，資料2の配布はしない。 ・資料2を配る。
ま と め	4. 本時を振り返り，まとめる ●車いすを使用している人が，入店拒否やバスの乗車拒否をされることがあると知りました。今日感じたことや，それを防ぐ方法について，家の人とも話し合ってみましょう。	

■この授業で押さえておくべき障害に関する知識
- ノンステップバスは，バスの床面の高さが地面から概ね30cm以下に抑えられており，停車時に床面をさらに下げることができる。その出入口にスロープ板を渡すと，傾斜が緩やかなので，車いす使用者やベビーカー使用者が楽に乗り降りできる。このほかに，スロープを渡せば車いすでの乗降が可能な低床バス（床面の高さは65cm以下）の導入も進められている。しかし，現在はまだすべてのバスがノンステップや低床になっているわけではない。
- 大手のデパート（百貨店）などは，障害に応じた接客について学ぶ研修を積極的に進め，店内のバリアフリー化を図っているところが多い。一方で，小さな店舗の中には，通路が狭い，テーブルといすが固定されていて，車いす使用者が入るスペースがつくれないなどの事情から，車いす使用者が物理的に入店できないところがある。

■生徒の反応への対応
- 生徒からバス会社や店の対応に問題があると指摘があがったときには，バス会社や店の事情を伝え，生徒が双方の立場を踏まえて，肢体不自由のある人の社会参加を実現する方策について考えられるように促す。

■準備
- 車いす使用者がバスの乗車を拒否されることについて述べた資料

〔資料1〕
　私は，車いすを使用して，よくバスに乗ります。ノンステップバスは車いすでも楽に乗り降りができるので助かります。しかし，ノンステップバスが来ても，バスの入口に人が立っていて，避けてくれないことがあります。実は，エレベータでも同じようなことがあります。
　私たちが乗れずに困っているうちに，バスやエレベータの扉が閉まったときには，悲しい気持ちになります。

〔資料2〕
　車いすを使用している私は，ノンステップバスが混んでいて乗れなかったとき，次のバスを待ちます。しかし，ノンステップバスは数本に1本しか来ません。同じようにバスを待っているほかの人は，次に来たバスがノンステップバスでなくても乗ることができます。しかし，私は入口に段差があって通路が狭いバスには，乗ることができません。
　エレベータが混雑して乗れないとき，ほかの人はエスカレータや階段を使うことができます。しかし，私にはそれができないので，自分が乗れるエレベータが来るまで，ずっと待っています。

車いす

西館有沙

　車いすは、歩行に支障のある人が使う福祉用具である。例えば、脚が欠損している、脚にまひがある、変形がある、脚の筋力が弱いなどの理由で、歩くことのできない人が車いすを使用する。加えて、立ったり短い距離を歩いたりすることはできるけれども、疲れやすい、脚に痛みがあるなどの理由から車いすを使っている人もいる。

　車いすには、手動型と電動型がある。手動型が10～15kgほどの重さであるのに対して、電動型は最も軽いタイプのものでも手動型の倍以上の重さがある。車いすは一般的に4つの車輪が付いたいすの形をしているが、このほかにもスクーターに似た形をしているものや、ストレッチャー型のものなど、さまざまな形がある。下のイラストは、一般的な手動の車いすである。

　下のイラストに、車いすの各部位の名前を示した。車いすの前輪を「キャスター」、後輪を「タイヤ（大車輪）」と呼ぶ。車いすに乗っている人は、タイヤの外側に付いているリング状の「ハンドリム」を握って、これを前に回すことで進む。車いすが動かないようにしたいときは、「ブレーキレバー」を引いて、タイヤを固定する。車いすには、乗っている人の足が地面に着いて引きずられてしまうことのないように、足を乗せる「フットレスト」が付いている。また、介助者が車いすを押すときに握る部位を「グリップ」、段差などを乗り越えるために足で踏む部位を「ティッピングレバー」とよぶ。

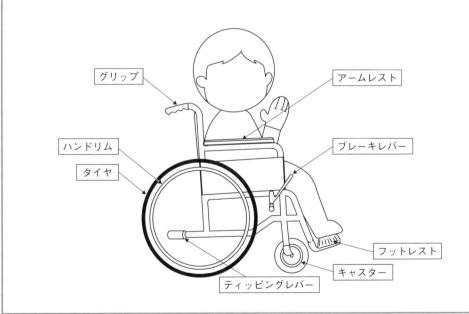

2 発達障害・知的障害に関する理解教育

1 発達障害・知的障害の基礎知識

　知覚，認知，運動，言語などの発達に偏りや遅れがあり，日常生活を送るうえでさまざまな問題を抱える状態を発達障害，あるいは知的障害という。これらの障害は脳の機能に何らかの問題があることから生じると考えられている。病気やけがのように，治ることはないが，成長とともに，日常生活での困難が少なくなったり，障害による特性が目立たなくなることがある。また，適切な教育によって，発達上の偏りはあっても，能力を十分に発揮していくことができる。

❶ 自閉症スペクトラムについて

　現在は，自閉症スペクトラムという概念が使われるようになっている。これは，従来の自閉症やアスペルガー症候群を連続体ととらえ，自閉的な傾向がある状態すべてを指した言葉である。

　自閉症スペクトラムには，「対人関係をもつことに質的な障害がある」，「活動範囲と興味の対象が限定されている」という2つの特徴がある。また，自閉症には知的な遅れが伴うが，アスペルガー症候群にはその傾向がみられない（目立たない）。

　「対人関係をもつことに質的な障害がある」例としては，人への反応が乏しく，呼びかけられても振り返らなかったり，相手に合わせたやり取りが苦手であったりすることがあげられる。「活動範囲と興味の対象が限定されている」とは，自分の行動パターンにこだわったり，周りの人や環境のわずかな変化に強い不安を示したり，1つの動作や行動を繰り返したりすることをいう。

　自閉症の人は，抽象的な表現や長い文章を理解することが苦手である。そのため，自閉症の人には，短い言葉で，具体的に話すようにする。また，指示やお願いは，本人が主語となるように言うと，その人は理解しやすくなる。例えば，「ちゃんと片付けてください」ではなく，「教科書とノートを机の中に入れます」などのように伝えるとよい。

　さらに，自閉症の人は同じ行動を繰り返すことがあるが，それは，不安や緊張感を和らげるためであったり，その行動のほかに何をすればよいのかがわからないことが背景にあったりする。それを周りがむりやりやめさせようとすると，本人は強い不安を感じてしまう。そのため，周りに迷惑をかけない行動であれば，許容できる雰囲気をつくると，自閉症の人は生活しやすくなる。

❷ アスペルガー症候群について

　アスペルガー症候群とは，前述した自閉症の2つの特徴があるが，知的な遅れがない（目立たない）状態のことをいう。アスペルガー症候群の子どもは，このような特徴から，相手の気持ちや状況を考えずに行動することがあるため，周りからはマイペース，自分勝手でわがままであると受け取られることが多くある。例えば，教師から注意を受けているときに，「先生，ここにほくろがあるね」と言ったり，自分から友達を遊びに誘っておいても，飽きたりほかに興味が移ると，途中でも平気で抜けてしまったりする。

　アスペルガー症候群の子どもは，表出言語（本人が話す言葉）が年齢相応かそれ以上に発達しているため，大人が使うようなむずかしい言葉や表現を使うことがあるが，理解言語（聞いてわかる言葉）はそれほど発達していない。また，相手の言葉を表面的に受け止めてしまい，言外の意味を理解することがむずかしい。特に，慣用句や冗談を理解することが苦手な子どもが多い。考えや行動に融通性がなく，その場に応じて行動を変えることが苦手である。特に，予定外の出来事があると，どのように行動してよいのかがわからなくなり，とまどったり，不安になってしまう。

❸ ADHD（注意欠如多動症）について

　ADHDは，「不注意」「多動性」「衝動性」のいずれか，あるいはそのうちの複数の特徴のある状態をいう。

　不注意とは，「注意の集中できる時間が短い」「注意を向ける方向が変化しやすい」「目的をもった行動ができない」ことである。教師が話をしていてもボーッとしていたり，友達の話し声や外の車の音などのちょっとした音で気が散って，集中力が持続しなかったり，最後まで何かをやり遂げることができなかったりすることがその例である。

　多動性とは，「じっとしていられない」「動きが多い」ことをいう。例えば，給食の時間や授業中など，座っていなければならないときでも，じっとしていられずにふらふらと立ち歩いてしまったり，座っていても手足がそわそわするなどの行動がみられる。

　衝動性とは，思いついたら考える前に行動してしまうことをいう。具体的には，順番を待てなかったり，みんなが並んでいる列に割り込んでしまったり，先生にあてられるよりも先に答えてしまったりすることがあげられる。

　ADHDのある子どもには，注意力がそれてしまうものをできる限り周りに置かない，座席を保育者や教師の近くにするなど，教室の環境にも配慮する必要がある。教室の窓にフィルムをはって，外の様子が見えないようにすることも1つの方法である。

❹ LD（学習障害）について

　LDの子どもには，知的発達全般に遅れはないものの，基本的な学習領域である「聞く，話す，読む，書く，計算する，推論する」の中で，1つあるいはいくつかの能力に著し

い落ち込みがみられる。例えば，先生の話を聞いて理解することはできても，教科書を読んだり黒板を書き写すことがむずかしかったり，ほかの教科に比べて算数だけが極端にできなかったりする。つまり，LDの子どもはもっている能力がアンバランスなのである。

　LDの子どもは，特定の能力以外には問題がないため，周囲から困難を理解されず，「怠けている」「努力が足りない」などと教師や親などから言われることがある。本人は努力しているにもかかわらず，周囲の厳しい対応と学習面でのつまずきから，自己評価を下げてしまったり，ストレスをためてしまうことがしばしばみられる。

　LDの原因は明らかになっていないが，中枢神経系の何らかの不全といわれている。つまり，さまざまな感覚器官から入ってくる情報を整理し，関係づけて統合し，表出する過程のどこかが十分に機能していないのである。にもかかわらず，ほかの人の何倍も努力すればよいと親や教師が考えて，学習の量を増やすように強制することがある。しかし，それでは問題は改善しない。一人ひとりの認知特性を十分に把握し，その子の得意な部分を生かした教育の方法を工夫することが必要である。

5 知的障害について

　知的障害とは，①知的な機能の発達に遅れがあること，②年齢に比べて，社会生活を送るうえでの適応能力（身辺自立の確立，自己管理，対人関係能力など）が低いこと，③18歳までの発達期に現れること，の3つがそろっている状態をいう。そのため，厳密に言えば，知的な機能に遅れがあるだけで，社会生活を送るうえでの適応能力が低くなければ，知的障害ではないと考える。

　知的障害のある子どもは，個々によって程度の違いはあるが，言葉を聞いて理解すること，自分の気持ちを伝えることが苦手である。相手の言っていることが理解できなかったり，自分がおかれている状況が認識できなかったり，それをどう表現してよいのかがわからなかったりするために，泣いたり反抗したりすることがある。しかし，保護者や教師が実物を見せて具体的に話したり，「今，すべきこと」を明確にしたり，気持ちを相手にどう伝えたらよいのかを教えていくことによって，知的障害のある子どもは少しずつ相手の話がわかるようになり，自分の気持ちを伝えられるようになっていく。

　そのほかにも，読み・書き・計算が苦手であったり，手順をなかなか覚えられなかったり，状況を判断して予想したり計画を立てたりすることがむずかしかったりする。しかし，時間をかけてゆっくり，ていねいに学ぶことによって，少しずつできるようになっていく。障害のない人と同じ道筋を，ゆっくり成長していると考えてほしい。

2 発達障害・知的障害に関する理解教育の段階

　発達障害・知的障害（以下，発達障害とする）に関する理解教育も，身体障害に関する理解教育と同様に，障害理解の5段階（p16，表1-1参照）を意識して行う必要がある。その進め方について，133ページの表2-2にモデルを示した。

　しかし，年齢の小さな子どもは，発達障害のある子どもを「障害のある子ども」とはとらえず，「すぐに叩いてくるAくん」「いつもおもちゃを独り占めするBちゃん」などのように，個別の子どもの特徴として考える。また，「目の見えない人」「車いすに乗っている人」と言えば，年齢の小さな子どもでも，ある程度の共通したイメージをもつことができるが，「発達障害のある人」と言っても，子どもたちはイメージできない。

　これらのことから考えると，発達障害に関する理解教育を，「発達障害のある人とはどのような特徴があるのか」の指導から始めるのは適切ではない。発達障害の特徴を示す「架空の子ども」を設定し，その子どもと仲よく遊ぶためにはどのようにすればよいのかを子どもが考えられるように導くところから，指導を始めることが必要となる。

　なお，発達障害のある子どもについて障害のない子どもが，疑問や違和感，不公平であるという感情をもちやすいケースとしては，「友達をすぐに叩いたり，かみついたりしてしまう」「保育者の指示に従わずに自分勝手な行動をしているようにみえる」「おもちゃや絵本を独り占めする」が主である。そこで，指導で取り上げる架空の子どもには，このような特徴のあるケースを示すとよい。

　また，このような指導に加えて，「自分とは違う特徴のある人がいる」という「気づき」についても子どもたちに促していくことが必要である。ここでは，感覚が敏感であったり鈍感であったりする子どもや，同じことを繰り返し行っているこだわり行動がある子ども，急な変化に強いとまどいを感じてしまう子ども，同時に2つ以上の動作を行うことが苦手な子どもなど，周囲の子どもから見て理解しにくい特徴のある子どもを紹介していくとよい。その際には，さまざまな特徴のある発達障害のある子どもを扱った絵本が出版されているので，それらを使用すると指導しやすい。以上が，障害理解の第1段階「気づきの段階」である。

　これらの指導をしたうえで，「自分と異なる行動をする人がなぜその行動をとるのか」ということを伝えていく。ここでの指導は，自分とは異なる行動をする人に対する違和感を軽減することがねらいである。発達障害のない人に，発達障害のある人がなぜ自分たちとは異なる行動をとるのかという理由を説明すると，理由を聞く前に比べて，その行動に対するとまどいが減り，許容度が高まる。そこで，子どもたちにも発達障害のある人の行動について，障害特性を交えて理由を説明することが有効である。例えば，授

業中にじっと座っていることが苦手な子どもに，廊下や隣の部屋から聞こえる雑音，校庭にいる人や外の景色，掲示物などに気をとられやすく，授業に集中しようと思っていても，自分の意思に反して身体が動いてしまう場合があることを説明するのである。

　なお，この際には，自分と「共通する部分」と「異なる部分」の両方を感じられるように指導することが大切である。なぜ「共通する部分」に関する指導が必要であるかというと，人と人との心理的な距離を近くするためには，「共通する部分」を知ることが必要であるからである。例えば「先生の指示を聞けない」「ちょっとしたことで，いつも泣いている」といった特徴のある人に対して，「自分も先生の話がわからなくて，間違えてしまうことがある」「初めての場所で，知らない人の中に1人でいなくてはならなかったら，自分も不安になって泣きたくなってしまう」などと共通する部分を見つけることによって，自分とは違う特徴がある人を「ダメな人」「困った人」などと見下して考えるのではなく，自分と共通点がある身近な存在としてとらえることができる。

　しかし，その一方で，自分ができることを相手ができなければ「努力が足りない」と感じたり，規則を守れないことを一律によくないこととらえてしまうことがある。そこで，「怠けてやらないわけではない。その人なりにやれるようになるために努力をしているが，みんなと同じようにできないことには，理由がある」というように，自分とは異なる部分についても同時に気づくように促していくことが大切なのである。

　その後は，身体障害の理解教育と同様に，「障害者が日常生活で困ること」について具体的に知り，どのような工夫をすることによってその人たちが生活しやすくなるのか，どういった援助をすれば，その人たちが助かるのかを学んでいく。

　ただし，発達障害のある人が自分の特徴を理解し，日常生活の中で何に困り，周囲にどのようにしてほしいと考えているのかを自身で説明することは困難である。そのため，発達障害のある人が困ること，困っているときにどのように対応すればよいのかについて周囲が知り，発達障害のある人と接したときに，どのようにかかわればよいかを考えていけるようにしていく必要がある。例えば，自閉症の人は抽象的な話や長い話をされると，内容を理解することがむずかしい。しかし，具体的で，短い文章で，かつ視覚的な情報を交えて話をすれば，わかることが多い。このような知識をもっておくことによって，子どもたちが発達障害のある人と実際に接する際のとまどいが軽減される。

　こうして，障害理解の第2段階「知識化の段階」に加え，第3段階「情緒的理解の段階」，第4段階「態度形成の段階」までの指導を，相乗的に行っていく。その後，これらの教育を統合し，最終的に「同じ社会の一員として尊重し合う」ために自分はどうすればよいのか，社会がどのように変わらなくてはならないのかを考えられるように導いていくことで，第5段階「受容的行動の段階」に無理なく進んでいくことができる。

2　発達障害・知的障害に関する理解教育

表2-2 発達段階に沿った発達障害に関する理解教育のねらいと授業計画

授業のねらい（下から上へ段階的に）:
- 個別のケースの理解
- 自分とは違う特徴がある人がいることを知る
- 自分とは違う特徴がある人と自分との共通点に気づく
- 自分と異なる行動をする人が、なぜその行動をとるのかを知る
- 障害者が日常生活で困ることを知る
- 障害者の生活上の工夫を知る
- 障害者に対する援助方法を知る
- 同じ社会の一員として尊重し合う

＜障害理解の発達段階＞

気づき　→　知識化　→　情緒的理解　→　態度形成　→　受容的行動

	幼児期	小学校低学年	小学校高学年	中学校
授業計画	[22] すぐに叩いたりかみついたりする子ども【知的障害】【発達障害】	[25] ゆっくり成長する人がいる【知的障害】	[29] 注意を集中することが苦手な子ども【発達障害】	[32] 知的障害がある人のためのバリアフリー【知的障害】
	[23] 保育室から無断で出て行ってしまう子ども【知的障害】【発達障害】	[26] どうすれば相手に伝わるのかな？【発達障害】	[30] 交流で困ることとその解決法【知的障害】	[33] 発達障害ってどういうこと？【発達障害】
	[24] こだわりの強い子ども【知的障害】【発達障害】	[27] がんばってもうまくいかないことを責められると悲しい【発達障害】	[31] 刺激のとらえ方が違う人への接し方や配慮【発達障害】	[34] 知的障害のある人と共に生きる【知的障害】
		[28] どうして同じようにできないの？【知的障害】		[35] 発達障害のある人と共に生きる【発達障害】

注）授業計画の番号は，次ページ以降の指導案に対応。

当時者や保護者へ必要な配慮

水野智美

　障害理解の授業の中で扱う障害特性と在籍する児童生徒の障害特性が類似している場合に，どのようなことに気をつけなければならないのかと尋ねられることがある。この答えは，児童生徒本人や保護者が障害を認識しているか，障害を受容しているのかどうかによって，異なってくる。

　まず，保護者の障害受容が進んでいれば，授業のねらいを保護者に伝えたうえで，授業を実施することの同意を得たほうがよい。同意を得た後に，授業で何をどこまで伝えれば，その児童生徒が周囲の人と学校の中でよりよい人間関係を形成することができるのかを保護者と一緒に検討する。もし，児童生徒本人も障害を受容し，自分の困っていること，周囲に理解してほしいと考えていることがはっきりわかっているならば，そこに本人も参加させたほうがよい。授業内容を検討する際に，どのような表現を用いて説明すると本人にとって違和感がないか，周囲から質問があったらどう答えるのかについてまで，細かく打ち合わせをしておく。

　また，その授業に参加するかどうかは，児童生徒本人に選択させたほうがよい。自分の障害特性に関係する内容の授業に参加することを苦痛に感じる場合は，保健室や職員室などの別室で待機させる配慮も必要である。さらに，万が一，周囲が誤った認識をもった場合には，どのように教師が介入して，その誤解を解いていくかについても，事前に話し合っておかなければならない。

　いっぽう，児童生徒本人や保護者が障害を受容していない場合には，その障害特性は扱わず，別の特性のある人を例にあげながら授業を展開し，授業で扱っている特性の人と身近な児童生徒が結びつかないようにしなくてはならない。特に発達障害を扱う場合には，児童生徒本人が自身に障害があると認識していない場合があるだけでなく，保護者の障害受容が進んでいないことも多い。保護者に無断で児童生徒の発達障害の特性を周囲の子どもに伝えることは，後々にトラブルになるケースが多い。

　また，架空の人物を設定して，その人物の特性として話すという方法をとる場合，架空の人物に名前をつけるのであれば，学校内に同一の名前の人がいないことも確認しておかなくてはならない。衝動的に行動をしてしまう子どもの例をあげる際に，架空の太郎君という名前をつけた場合に，もし学校内に「太郎君」がいたら，「実は，あの太郎君のことを言っているのではないか」「太郎君は衝動的に行動をしてしまう子らしい」などと誤ったうわさが流れてしまうことになる。「学校内にいる人ではない」という設定で授業を進めてほしい。

22

個別のケースの理解 ①
すぐに叩いたりかみついたりする子ども

　知的障害　　発達障害　　　　　　　　　　　　　　　　　大越和美

すぐに手が出るAちゃんを例にあげ，かかわり方を学びます。

■園児の様子
- トラブルが生じた場合は，子どもたち自身で話し合いをして，解決しようとする姿が見られる。
- 対象児は，自分の気持ちを言葉でうまく表現することがむずかしく，対象児と一緒に遊んでいた子どもを突然叩いたりかみついたりする。
- 対象児のことを「いきなり叩いてくるので怖い」と思う子どもや，「Aちゃんは，悪い子だからいきなり叩いてくる」と言う子ども，必要以上に対象児の行動を注意する子どもがいる。

■この指導のねらい
- 衝動性のある子どもが，すぐに友達を叩いたりかみついたりする場合に，なぜその子どもはそういった行動をしてしまうのか，またどのようなかかわり方をすると，その子どもと一緒に活動できるのかについて具体的に考える。

■この指導で陥りやすい誤り
☆叩かれることを我慢させる
- 「発達障害のある子どもを交えてみんなで仲よく遊んでほしい」という思いから，対象児と無理に仲よくさせようとする保護者がいる。また，対象児が叩いたりかみついたりする行動も「仕方がないこと」として，周囲の子どもに我慢させる者もいる。実際に，叩いたりかみついたりする行動は，自分の気持ちをうまく言葉で表現できないためにしてしまうことが多い。しかし，そのことを理由にして周囲の子どもに無理に仲よくさせたり，我慢をさせてしまうと，保育者の前ではその子どもとかかわるが，保育者の見ていないところでいじめや仲間外れにしてしまうことになる。

指導案㉒

「すぐに叩いたりかみついたりする子ども」

幼児向け／保育室など／30 分

	保育者のセリフ（●）／園児の反応（★）	備考
導入	1. 子どもたちに考えてもらいたいことを提示する ●昨日，「お友達に叩かれた」って教えてくれた人がいたの。 　★知ってるよ。Aちゃんが叩いたんだよ。 　★Aちゃんはいつも叩いたりするよ。 ●そう，Aちゃんが叩いたの。どうして，Aちゃんは叩いたのかな？ 　★わからない。 　★いつも叩いてくるよ。	・子どもの発言を否定しないで，うなずきながら聞く。 ・対象児の名前が出なければ「叩いた子」として話を続ける。
展開	2. どんなときに叩くのか，なぜ叩くのかを考えさせる ●Aちゃんは，どういうときに叩いたりするのかな？ 　★遊んでいるとき。 　★並んでいるときも叩くときがあるよ。 ●どうしてAちゃんは，遊んでいるときに叩いたのかな？ 　★わからない。 　★僕は何もしていないよ。 ●それじゃあ，みんながお友達のことを叩いてしまったことある？ 　★「あるよ。××君がおもちゃを貸してくれなかったとき。そうしたら，先生に叱られた」 　★「ふざけっこしていたら，お友達のことを間違って叩いちゃった」 ●みんながお友達を叩いてしまったときに，いろいろな理由があったね。Aちゃんもね，みんなのことを叩いてしまうときには，理由があるんだよ。 　★「そんなのないよ。いつもいきなり叩くから」と，自分の思っていたことを話す子どもがいる。 ●そう，Aちゃんは，いつもいきなり叩いてくると感じたんだね。 3. 対象児が叩いてしまう理由を保育者が説明する ●Aちゃんは，みんなにいろいろお話ししたいことがあるけれど，お話しすることが得意じゃないから，お話しする代わりにみんなのことを叩いてしまうことがあるの。 　★お話ができないんじゃ，赤ちゃんみたい。	・「ない」という発言ばかりのときは，以前クラスの中で起こったトラブルを取り上げる。そのとき，当事者の名前は出さない。 ・子どもの発言は，受けとめるようにうなずきながら聞く。決して初めから否定したり無視したりしない。

- ●Aちゃんはお話しすることが苦手だけど，赤ちゃんじゃないんだよ。みんなの中にも，かけっこが苦手な子や，鉄棒が苦手な子がいるでしょう。それと同じなんだよ。
- ●Aちゃんはお話しすることが苦手なの。だから，みんなが遊んでいるときに「入れて」とか「貸して」が言えなくて，叩いてしまったりするの。
    - ★お話ができないと，ずっとみんなのこと叩くの？
- ●お話しが苦手なだけで，ずっとみんなのこと叩いたりしないよ。

4. 対象児とのかかわり方について説明する

- ●Aちゃんはお話が苦手なだけで，何かを貸してほしいときやみんなの仲間に入れてもらいたいときには，どう言えばいいかを教えてあげると，Aちゃんもわかってくれるよ。
    - ★教えてあげても，叩いたときはどうするの？
- ●Aちゃんが叩いたときは，先生に教えてね。先生がAちゃんに叩いてはいけないことをお話しするね。

• Aちゃんが叩いたときは保育者が対応する。

■この指導で押さえておくべき障害に関する知識
- 対象児がすぐに叩いてしまう理由としては，言葉で自分の気持ちを思うように表現できないケースや，ADHDの傾向があり，衝動性の高さや自分の感情をコントロールすることのむずかしさから，言葉で伝えるよりも先に手を出してしまうケースがある。
- 日常的に周囲から暴力をふるわれていたり，乱暴な言葉が使われている家庭で育った子どもが，それを見てまねをするために，乱暴な行動をすることがある。
- 言葉で自分の気持ちを表現できない子どもには，友達とかかわる際に，保育者が子どもの気持ちを代弁し，かかわり方のモデルを見せるとよい。
- 発達障害のある子どもの問題行動への対応については，「具体的な対応がわかる気になる子の保育」（チャイルド本社，2012）を参照してほしい。

■園児の反応と対応
- 叩かれた子どもが「Aちゃんは叩くから一緒に遊びたくない」と言った場合に，まずはその子どもの気持ちを否定せずに，「叩かれて痛かったのね。びっくりしたね」などと受け入れてほしい。そのうえで，Aちゃんが叩いたことはよくなかったことを伝えつつも，Aちゃんが叩いてしまった理由を代弁してほしい。

■本人および保護者への配慮
- 対象児についてクラスの子どもに指導をしたことを保護者が後から知って，トラブルになることがある。それを避けるために事前に対象児の保護者とは話し合いをもち，対象児の保育活動中の様子を，クラスの子どもにどのように伝えるかについて相談しておく必要がある。
- 保護者と相談する際には，園での子どもの行動を説明し，「いきなり叩かれるので怖い」「○○ちゃんは，悪い子だからいきなり叩いてくる」などの発言がほかの子どもからあること，クラスの子どもに指導することによってそのような誤解を解き，良好な友達関係を築くことができることを伝える。
- 保護者によっては，子どもの行動の特徴をクラスの子どもたちに伝えることを拒む場合がある。保護者が，わが子の行動特徴を把握していない場合や障害を受容できていない場合に多い。そのような場合には，一般的な事例として「すぐに叩いたりかみついたりする子ども」を取り上げ，対象児とわからないようにすることが必要である。

23

個別のケースの理解 ②
保育室から無断で出て行ってしまう子ども

`知的障害` `発達障害`　　　　　　　　　　　　　　　　大越和美

教室を出て行ってしまうB君の行動のわけと，B君へのかかわり方を考えます。

■園児の様子
- クラスの子どもたちは，落ち着いて席に座り，製作活動などに取り組むことができる。
- 対象児は，一斉活動になると，初めは着席しているが，すぐにふらふらと保育室から出て行ってしまう。
- 対象児が保育室から出ていこうとすると，腕を無理やり引っ張って止めようとする子どもや大声で「B君，座ってなくちゃいけないんだよ」と言う子どもがいる。

■この指導のねらい
- 保育者の指示に従わずに，活動中に保育室から黙って出て行ってしまう子どもが，なぜ活動中に保育室から出て行ってしまうのかを知り，その子どもにどのように対応したらよいのかについて学ぶ。

■この指導で陥りやすい誤り
☆悪い子のレッテルをはる
- 対象児のことを「保育者の指示を守らない，よくない行動をする子どもである」とクラスの子どもたちに伝える保育者がいる。保育者がそのように発言することによって，クラスの子どもたちは対象児を「悪い子」と認識してしまうことになる。

☆できないことを仕方ないことと伝える
- 対象児が保育室から出ていくことは，じっとしていられないので仕方がないことと伝えることがある。しかし，この発言によって，「自分は守らなくてはいけないのに，対象児は守らなくてもよい，特別な存在である」と子どもが認識することになる。いまはできていなくても，守ろうと練習していることを，同時に伝えていかなくてはならない。

指導案㉓

「保育室から無断で出て行ってしまう子ども」

幼児向け／保育室／30分

	保育者のセリフ（●）／園児の反応（★）	備考
導入	1．B君の様子とクラスの子どもたちのかかわり方を話す ●今日，みんなで折り紙をしたときに，B君がお部屋から出て行こうとしたね。そのときに何人かのお友達が，B君に出て行かないようにと言ってくれたり，B君の手を引っ張っていたね。	
展開	2．ルールを確認し，B君が出て行ってしまった理由を考える ●折り紙をするときは，先生に何も言わずにお部屋から出て行かないという約束をみんなとしたよね。でも，どうしてB君はお部屋から出て行こうとしたのかな？ ★「遊びたくなったから」「おしっこに行きたくなったから」と，保育室から出て行こうとしたB君の気持ちを考える。 ●みんな，いろいろと考えてくれたね。実はB君ね，みんなと一緒に先生の話を聞くことが苦手で，先生がみんなにお話をしているときに，自分もお話を聞かなくてはいけない約束を忘れてしまうことがあるの。だから，折り紙のときも何をしてよいのかがわからなくなってしまって，お部屋から出て行こうとしたの。 ●みんなも折り紙を折るときに，先生の話をよく聞いていないと，どうやって折るのかがわからなくなってしまうでしょう。B君も，何をしてよいのかがわからなくなってしまったの。 ★「みんなで先生の話を聞いているときに，B君もいたよ」「座っていたよ」「B君，話を聞いていたよ」とB君の様子を思い出す。 3．B君がわからなくなってしまう理由を保育者が説明する ●そうだね。先生が話をしているとき，B君もみんなと一緒に座っていたね。でも，B君は先生の話を聞いていても，先生が何をしなさいと言ったのかがわからなくなってしまうの。B君のように，話を聞くことが苦手な人がいるのよ。 ★「でも，B君はいつもおしゃべりしてるよ」 ●そうだね。B君は自分から話をすることができるね。でも，話ができても，他の人が話しているのを聞くことが苦手な人がいるの。 ★「B君は，ずっと話が聞けないの？」 ●B君は，ずっと話を聞けないわけじゃないよ。いまも先生の話を聞く練習をしているんだよ。 ★「どうやって？」	・保育者に黙って，保育室から出て行くことは，いけないことだが，どうしてB君が出て行ってしまったのかを，考えるように促す。

●B君は，みんなと一緒に先生の話を聞くことは苦手だけど，先生がB君だけに話をするとわかるの。少しずつ，みんなと一緒にいて，先生の話がわかるようになる練習をしているのよ。

4．B君へのかかわり方について知らせる
●B君がお部屋から出て行こうとしたときに，「ダメだよ」とか「出ちゃいけないんだよ」とみんなが大きな声で言うと，B君もびっくりしちゃうの。それに，手を無理やり引っ張られると，嫌な気持ちになるよ。
　★「B君がお部屋から出ようとしたときは，どうするの？」
●優しく「出ません」と教えてあげてね。それから先生に教えてね。みんながいすに座っていると，B君もいすに座る時間だってわかるから，みんなは，いすに座っていようね。

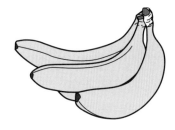

■この指導で押さえておくべき障害に関する知識
- 周りの子どもへの理解を図る前に，対象児が保育室から出なくても済むように，学習環境を整える必要がある。
- 対象児が保育室から出て行ってしまう理由としては，いま行われている活動の内容が理解できずに，自分は何をしてよいのかがわからないことがあげられる。その場合には，今は何をする時間であるのかがはっきりわかるように，絵カードや日課表を用いて説明をするとよい。また，製作場面などで，保育者が口頭で説明しただけではわかりにくい場合には，実物を見せながら説明する。

■園児の反応と対応
- 子どもたちの中には，保育者の話を聞かずに勝手な行動をするように見える対象児のことを，自分よりも年齢が小さいあるいは自分よりも能力が劣っていると考える場合がある。そのようなときは，対象児は話を聞いていることが苦手なので聞く練習をしていること，どうしたら話を聞くことができるようになるのかを保育者が説明する。
- 保育室から出ていこうとする対象児を無理に引き戻そうとする子どもに対しては，叱ってその行動を止めるのではなく，保育者が対応することを説明したうえで，次に対象児が出ていこうとしたことに気づいたときには保育者に教えてほしいと話す。

■本人および保護者への配慮
- 本指導の前に，対象児の保育活動中の様子をクラスの子どもにどのように伝えるのかについて，対象児の保護者と話し合いをもつ必要がある。
- 話し合いの際には，一斉活動中に対象児が保育室から無断で出て行ってしまうことがあること，それを同じクラスの子どもから大声で注意されたり無理に腕を引っ張られたりしてしまうことがあって対象児が嫌がっていること（本人が困っていること）を伝え，クラスの子どもに指導する必要があることを理解してもらう。
- 保護者によっては，子どもの行動の特徴をクラスの子どもたちに伝えることを拒む場合がある。その場合には，一般的な事例として取り上げ，対象児とわからないように指導することが必要である。

24

個別のケースの理解③
こだわりの強い子ども

知的障害　発達障害　　　　　　　　　　　　　　　　　　　大越和美

ペープサートを使って，Cちゃんがいつも同じ絵本を持ち歩く理由を考えます。

■園児の様子
- 友達同士でおもちゃや絵本の貸し借りがスムーズにできるようになっている。
- 対象児は，自分の気持ちを言葉で表現することがむずかしい。
- 対象児は，友達とかかわるより，1人で同じ絵本を見ていることを好む。
- 対象児が使っている絵本を読みたい子どもと，貸すことができない対象児がトラブルになることが多い。
- 対象児のことを「絵本を貸してくれない悪い子」と考える子どもがいる。

■この指導のねらい
- 毎日決まった絵本を持ち歩かなくては気持ちが落ちつかない（こだわりが強い）子どもが，なぜそのような行動をするのかを知り，どのようにかかわればよいのかについて学ぶ。

■この指導で陥りやすい誤り
☆本を独占されても我慢させる
- 対象児が絵本を友達に貸せないときに，我慢することをクラスの子どもに求める保育者がいる。それによって，クラスの子どもは常に我慢を強いられてしまい，対象児とかかわることを避けるようになる可能性がある。
- 対象児が1冊しかない絵本などにこだわっていて，ほかの子どももその絵本を読みたいという場合には，できればもう1冊，同じ絵本を用意したい。対象児の様子を見ながら，ほかの子どもと一緒に絵本を読めるようであれば，一緒に絵本を読む時間をつくる。

指導案㉔

「こだわりの強い子ども」

幼児向け／保育室／30分

	保育者のセリフ（●）／園児の反応（★）	備考
導入	1. いつも同じ絵本を持っている子どもの気持ちを考える ●今日は，○○ちゃん（ペープサートの主人公）と一緒にお勉強するよ。――絵本を持っている子どものペープサートを見せる。 ●○○ちゃんは，幼稚園に来ると，いつも同じ絵本を持っているんだ。どうしてだと思う？　みんなで考えてみて。 　★子どもたちはそれぞれ思ったことを口にする。 　「絵本が好きだから」 　「○○ちゃんが家から持ってきた絵本だから」	・ペープサートを用意する。
展開	2. なぜ絵本を貸してくれないのかについての理由を考える ●ある日，○○ちゃんのところに，△△君が，「絵本を貸して」って来たんだ。でも○○ちゃんは，何も言わずに歩いて行っちゃた。 ●友達に「絵本を貸して」と言ったときに，○○ちゃんみたいに黙って歩いて行ってしまった子がいたら，みんなはどんな気持ちになる？ 　★「貸してって言われたら，貸してあげなくちゃだめなんだよ」 　★「聞こえないふりしていたらいけないんだ」 ●そうだね。友達に「絵本を貸して」って言われたら，返事をしなくてはいけないね。 ●友達に「貸して」って言われたら，みんなはすぐに貸してあげられる？ 　★「まだ読みたいときは，貸してあげられない。」 　★「いま読んでいるから，待っててって教えてあげる。」 3. 絵本を手放せない理由を保育者が説明する ●では，もう1回，○○ちゃんに絵本を貸してって言ってみようか？　先生も△△君と一緒に「貸して」って言ってみるね。 　「○○ちゃん，絵本を貸して」 　「あれ？　○○君が嫌だって」	・絵本を持っている子どもをかいたペープサート（○○ちゃん）に，手に何も持っていない子どもをかいたペープサート（△△君）を近づける。 ・ペープサートに話しかけるようにする。

144

	●○○ちゃんは，どうして嫌なのかな？ 　★「いま，絵本を読んでいるところだから」 　★「○○ちゃんが意地悪だから」と答える。 ●どうして絵本を貸してくれないのか，○○ちゃんに聞いてみるね。 　★保育者の反応を待っている。 ●○○ちゃんはね，絵本を持っていないと何をして遊んでよいのかがわからなくなってしまうの。そして胸がどきどきしてくるんだって。だけど絵本を持っていると，絵本を読んで遊べばよいから，どきどきしないでいられと言っているよ。 　★「僕は，本がなくてもどきどきしないよ」 ●みんなも，知らないところに行ったときや，初めて会った友達と遊ぶときにどきどきしたことはない？　○○ちゃんは，そのどきどきがずっと続いているの。だからどきどきしないように同じ絵本を持っているの。 　★「でも，○○ちゃんと△△君は，お友達でしょう？　知らない人じゃ　ないのにどきどきするのはおかしいよ」 　　（○○ちゃんの気持ちの説明に対して，疑問をもつ。） ●みんなは，初めて会う友達じゃないのに，どきどきするのはおかしいと思ったのね。でもね，○○ちゃんは，いつもどきどきするし，どきどきが止まるまで，とっても時間がかかるみたい。みんなのように，すぐには仲よくなることがむずかしいの。そういう友達もいるんだよ。 　★保育者の話を聞いている。	・ペープサートに保育者の顔を近づけ，話を聞いているようにする。 ・子どもの疑問を受けとめ，理由を説明する。
まとめ	**4. 対象児へのかかわり方について説明する** ●実は，クラスのC君も○○ちゃんと同じなの。いつも同じ絵本を持っているのは，何をしてよいのかがわからなくなってどきどきしてくるから，どきどきしないように持っているの。 　★「それでもC君の持っている絵本を貸してもらいたくなったらどうするの？」 ●そのときは，先生に教えてね。先生と一緒に，C君に一緒に読んでもよいかを聞いてみようね。	・ペープサートを見ながら，対象児C君の気持ちを考える。

■この指導で押さえておくべき障害に関する知識
- 子どもが，不安な気持ちを安定させるためのよりどころとして，1つのものにこだわることがある。こだわっているものを持っていると安心することができ，スムーズに生活することができる。
- こだわっているものは無理やり取り上げるのではなく，活動の間子どもから見える場所に置いておくことができるようにするとよい。置き場所を決めたら，その子ども以外はだれも触らずにそのままの状態になっていることを知らせ，子どもに安心感を与える。

■園児の反応と対応
- 自分はどきどきしないという子どもには，慣れない場所や見知らぬ人と一緒にいなければならないときは，だれでも不安になることを伝える。C君は，慣れている人や知っている場所であっても何をしてよいのかがわからず，不安な気持ちになること，不安な気持ちを落ち着かせるために，決まった絵本を持っていることを説明する。
- クラスの子どもたちも，不安な状況になったときに，C君と同じように大切なものがあると安心できることに気づけるようにする。そのうえで，ものの貸し借りをするときにどのようにするかについてのルールを作り，子どもたちと練習をしてみる。

■使用した教材
- 絵本を持っている子どものペープサート（○○ちゃん）
- 何も持っていない子どものペープサート（△△君）

25

自分とは違う特徴のある人がいることを知る
ゆっくり成長する人がいる

`知的障害`　　　　　　　　　　　　　　　　　　　　　　　　　松本和久

ゆっくり学ぶ子どもたちがいて，自分たちと同じように成長していることを学びます。

■児童の様子
- 特別支援学級との交流を通して，特別支援学級で学ぶ子どもたちとこれまで何度か一緒に遊んだり，活動をしたりしてきた。しかし，特別支援学級で学ぶ子どもたちを自分よりも能力的に劣った存在として，とらえてしまっている傾向がある。
- 特別支援学級の子どもたちが，ふだん，どのような教育を受けているのか，どんなことができるのかを知らない。

■この授業のねらい
- 周りの友達と同じように行動することがむずかしい子どもや，ゆっくりと成長している子どもがいることを知る。
- 「ゆっくり成長する子どもたちが学ぶ場」では，一人ひとりの子どもの特性に応じた教育が行われている。それぞれの子どもの能力を伸ばすためにどのような教育が行われているのかを知る。

■この授業で陥りやすい誤り
☆苦手なことやできないことを強調する
- 知的にゆっくり成長する子どもが，周りの友達と同じように行動できないことや苦手なことがあるなど，日常生活での大変さばかりを強調する教師がいる。しかし，このような指導は，子どもたちが，ゆっくり成長する子どもを「自分よりも劣った存在」と考える偏見を強めることになりかねない。また，これまでに特別支援学級の子どもと一緒に遊んだ経験から，「楽しく遊べない」「会話が成り立たない」などの感想を子どもたちがもっている場合がある。
- これを避けるためにこの授業では，指導案1において，「できない子だと思っていたら，スイートポテトのお手本を見せてくれた」という経験を通して，「特別支援学級の子どもたちにもできることがある」と感じられるようにする。そのうえで，指導案2で「ゆっくり成長する部分があって，みんなと同じようにはできないことがあっても，1つずつをしっかりと練習していき，着実にできるようになっている」ということを，絵本の事例を通じて理解できるようにしていく。

指導案㉕

「ゆっくり成長する人がいる①」

小学校低学年向け／家庭科室／総合など／90分

	教師のセリフ（●）／児童の反応（★）	備考
導入	1. 交流授業のねらいを説明する ●○○学級（学内の特別支援学級）の友達とは，これまでにも何度か一緒に遊ぶ機会がありました。今日は，○○学級の授業にみなさんが参加して，○○学級の友達がどのように授業を受けているのかについて一緒に学んでみようと思います。	・ここでは，何度か交流がある状態を想定。 ・交流授業のコラム ⇒ p152
展開	2. 特別支援学級の子どもと一緒にスイートポテトを作る ●今日の授業では，スイートポテトを作ります。先生が作り方を説明したら，その後，○○学級の友達がお手本を見せてくれます。しっかりとお手本を見て，やり方を覚えてください。 ●まず，さつまいもを洗って，皮をむきます。お手本はA君にやってもらいます。 ★A君が手本を見せる。 ●A君は，ていねいに皮についている土を洗っていましたね。 ●次に，ピーラーという道具を使って皮をむきます。A君をよく見てください。右手でピーラーを持ち，さつまいもの後ろを左手でしっかりと支えて，手を切らないように注意しながら皮をむいていますね。ピーラーは，上から下に向かっておろしていきます。さつまいもの皮が全部なくなるまでむきます。 ●では，それぞれのグループで，ここまでやってください。 ――以下，切る，茹でる，つぶす，混ぜる，焼く，片付ける，などについて同様に行い，スイートポテトを完成させる。	・特別支援学級の子どもが手本を示す。工程をいくつかに分け，どの子がどの部分の手本を見せるか役割を決めておく。 ・あらかじめ練習しておき，それぞれの特別支援学級の子どもが自信をもって，みんなの前で手本を披露できるようにしておく。
まとめ	3. 特別支援学級の子どものできたところを確認する ●今日のスイートポテト作りでは，○○学級の友達が，とても上手にお手本を見せてくれました。みんなに注目されて緊張したと思いますが，堂々と，また上手にお手本を見せてくれて，先生はとてもびっくりしました。 ●○○学級の友達は，スイートポテトを作れるように，たくさん練習をしてきました。覚えるのに，少し時間がかかる子もいます。また，手先が思うように動かなくていらいらしてしまったりすることもあります。でも，今日は練習の成果を発揮して，みんなにお手本を見せて，おいしいスイートポテトを一緒に作ることができました。	・通常学級の担任からコメントをする。 ・特別支援学級の担任からコメントする。

「ゆっくり成長する人がいる②」

小学校低学年向け／教室／道徳・特別活動など／45分

	教師のセリフ（●）／児童の反応（★）	備考
導入	1. 子どもたちへ問題提起をする ●先日，○○学級の友達と一緒にスイートポテトを作りましたが，○○学級では，ふだんはどんな勉強をしているのでしょうか？	・指導案①の授業の後の想定。
展開1	2. 特別支援学級の教育内容を知る ●○○学級の友達は，みなさんのクラスよりも少ない人数で勉強をしています。いろいろなことを体験しながら学ぶ授業が多いところが，みなさんの受けている授業と少し違うところです。 ●（特別支援学級の畑の写真を提示して）これは何でしょうか？ ★「○○学級」の畑だ。 ★この畑でとれたさつまいもでスイートポテトを作った。 ●国語や算数をしなくて，スイートポテトを作る授業はいいなぁと思った人がいるかもしれません。しかし，○○学級の友達も，スイートポテトを作る中でちゃんと国語や算数などを学んでいるんですよ。 ●例えば，さつまいもを栽培するのは，「生活科や理科」です。では，収穫したさつまいもの個数を数えたり，重さを測ったりするのは，何の授業でしょうか？ ★算数だ。 ●はい。そうですね。算数です。調理をするときに，材料の重さやかさを測ったりするのも算数です。 ●そのほかにも，スイートポテトの作り方の説明書を読んだり，書いてある漢字を覚えたりするのは国語です。 ●○○学級の友達は，こんなふうに，国語や算数の内容を実際の体験を通して勉強しています。また，人数が少ないので，一人ひとりが自分の役割を果たすことで，協力することの大切さを学んでいます。	・畑の写真を準備。
展開2	3. ゆっくり成長する子どもの姿を知る ●いまから『となりのしげちゃん』という絵本を読みます。このお話には「しげちゃん」と「あらたちゃん」が出てきます。どんなお話だったか，聞いた後で先生に教えてくださいね。 ——絵本を読む（あらすじはp153参照）。	・全員に写真が見えるように，必要に応じて実物投影機で絵本を拡大したり，登場人物の絵を黒板にはったりする。

	●では,どんなお話だったかをみんなで確かめましょう。しげちゃんは,保育園に通いだしたころ,あらたちゃんやほかの友達と一緒に遊びましたか？ 　★遊ばなかった。 　★声をかけても知らんぷりで,あらたちゃんは寂しかった。 　★しげちゃんは,葉っぱとばかり遊んでいた。 ●しげちゃんは,着替えや給食は,全部,保育園の先生にやってもらっていましたか？ 　★自分で着替えをしていたよ。 　★自分で給食を食べていたよ。 ●そうですね。しげちゃんは保育園の先生と練習をしながら,自分でできるようになりました。 ●では,みなさんはいつごろ,自転車に乗れるようになりましたか？ 　★幼稚園のときに乗れた。 　★いま,練習をしている。 ●先生もみなさんと同じぐらいの年齢のときに,一生懸命に練習をして自転車に乗れるようになりましたが,幼稚園や保育園のときに乗れるようになったという人もいましたね。できるようになることやできるようになる速さは,一人ひとり違いますね。得意なことはすぐできるようになるし,苦手なことはできるようになるのに時間がかかります。みなさんも,先生も同じですね。 ●もう1つ質問です。しげちゃんは,せみ組のみんなみたいにおしゃべりしなかったようだけど,病気なのでしょうか？ 　★病気じゃないよ。 ●お母さんは何と言っていましたか？ 　★何でもゆっくり覚えていく。 　★体を作るための地図におまけがあって,お兄ちゃんになるのに,時間がかかる。 ●そうですね。しげちゃんはゆっくりと成長をしていて,できることが増えてきました。あらたちゃんが卒園するときには,クラスの友達と同じようにプレゼントを作っていましたね。	・しげちゃんが先生と練習しているページを提示する。 ・あらたちゃんがしげちゃんのお母さんに質問し,お母さんが答えるページを再度読む。
まとめ	4．本時のまとめ ●しげちゃんのように,最初は周りの友達と同じように行動ができない子がいます。でも,ゆっくり覚えていって,少しずつできることが増えていきます。 ●この前は,○○学級の友達が,たくさん練習をして,スイートポテト作りでは,みんなの前で立派にお手本をみせてくれました。こんなふうに,ゆっくり成長する友達がいることを,覚えておいてくださいね。	・ゆっくり大きくなる人は,「できない人」ではなく,丁寧に成長する人であることを伝える。

2 発達障害・知的障害に関する理解教育

■この授業で押さえておくべき障害に関する知識

- 絵本『となりのしげちゃん』にはダウン症の子どもが登場する。小学校低学年でダウン症について説明する必要はないが，教師はある程度の知識をもっておきたい。

> ・染色体異常による生まれつきの障害であること
> ・約1000人に1人の割合で生まれる可能性があること
> ・外見が特徴的でわかりやすいこと
> ・関節や筋肉が極端に柔らかいこと
> ・言葉が聞き取りにくい場合があること
> ・明るくて人なつっこい人が多いこと
> ・がんこで，気持ちの切り替えがむずかしい場合があること　　　　　など

■児童の反応と対応

- 特別支援学級の友達を見下すような発言には，頭ごなしに否定するのでなく，まずはそのように感じたことを受容する。そのうえで，特別支援学級の友達がどのような活動をして，どんなことができるようになったかを紹介したり，特別支援学級の子どもの気持ちを代弁したりして，この子どもたちがどのように学んでいるのかについて，正しい知識を伝えたい。
- 特別支援学級について知っていることや，ふだんの交流を通して見つけた特別支援学級の友達のよさについての発言を認め，学級全体に広げたい。

■使用した教材

- 絵本『となりのしげちゃん』（写真・文　星川ひろ子，小学館）

ダウン症のしげちゃんとその隣りに住む健常児のあらたちゃんは同じ保育所に通っている仲良しの友だちである。しげちゃんとあらたちゃんが保育所での生活や日常での遊びを通して，お互いにゆっくり成長していく過程を紹介した話である。

主人公のしげちゃんは3歳のため，しげちゃんがいろいろなことができなくても，「年齢が小さいから」と考えて，子どもが自分と比較することが避けられる。

コラム 8

特別支援学級における「交流及び共同学習」

松本和久

　特別支援学級は，小・中学校に障害の種別ごとに置かれる少人数の学級（上限は 8 人）である知的障害，肢体不自由，病弱・身体虚弱，弱視，難聴，言語障害，自閉症・情緒障害の学級がある。ここでは児童生徒一人ひとりの実態に応じて指導の目標や内容，方法を工夫し，社会参加や自立を目指すための学習を行っている。

　特別支援学級では，児童生徒の経験を広げ，社会参加への意欲や好ましい人間関係を育てるとともに，通常学級の児童生徒との相互理解を促進するために「交流及び共同学習」が実施される。特別支援学級に在籍している児童生徒は，特別支援学級を学習・生活の基盤として，一部の教科等の授業を通常学級で一緒に受ける場合がある。授業への参加以外では，遠足等の行事に一緒に参加する，日常生活の中で給食や掃除等を一緒に行う，といった活動がなされており，児童生徒の実態や学校の状況により，その回数や頻度はさまざまである。

　「交流及び共同学習」は，活動あるいは学習のねらいを明確にして取り組む必要がある。「場所と時間を共有すれば，互いの理解が深まる」というあいまいなねらいでは，教育効果を期待できないどころか，通常学級の児童生徒に特別支援学級の児童生徒への偏見をもたせかねない。活動の際には，通常学級の児童生徒が特別支援学級の児童生徒を一方的に援助するのでなく，仲間として対等の立場での活動を目指したい。そのために，特別支援学級の児童生徒が活躍できる場を設定し，活動のなかで彼らのよさやがんばりを認め合えるようにすることが大切である。活動内容によっては，事前に特別支援学級で十分に練習しておくと，子どもが自信をもって活動に臨むことができる。また，活動中にトラブルがあっても，それは人間関係を深めるチャンスととらえたい。通常学級の児童生徒が嫌な思いをしたときには，ただがまんさせるのではなく，その児童生徒の思いを十分に聞いて，特別支援学級の児童生徒へのネガティブな感情が後々まで残らないように配慮したい。

　共生社会の実現に向けて「インクルーシブ教育システム」の構築が進められているが，そこでは，障害のある子どもとない子どもが「できるだけ同じ場で共に学ぶこと」だけでなく，それぞれの子どもが，「授業内容がわかり学習活動に参加している実感・達成感をもちながら」充実した時間を過ごしつつ，生きる力を身につけることがめざされている。一緒に学ぶということだけでなく，特別支援学級の児童生徒が「今日は○○をして楽しかった！」「こんなことができるようになった！」と感じられる交流及び共同学習が望まれる。

26

自分とは違う特徴がある人と自分との共通点に気づく①
どうすれば相手に伝わるのかな？

発達障害　　　　　　　　　　　　　　　　　　　　　　　　　　向後礼子

ルールが守れない理由やそのときの気持ちを理解し，どんな注意の仕方がよいかを考えます。

■児童の様子
- コミュニケーションがうまくとれなかったり，ルールを守らない（守れない）子どもに対して，「自己中心的である」「意地悪だ」などと，個人の性格の問題としてとらえ，無視したり，仲間はずれにしたり，攻撃したりすることが多い。

■この授業のねらい
- 遊びのルールを守れなかったり，悪意はないが相手を傷つける言葉を言ってしまう子どもがいる場合に，その子どもがなぜそのような行動をとってしまうのか，またその子どもはどのような気持ちであるのかを知り，その子どもと適切な関係をもつ方法について学ぶ。
- クラスの中で対人的なトラブルが目立ったり，ほかの子どもの言動について攻撃的なかかわりが目立ちはじめたときに行うと効果的である。

■この授業で陥りやすい誤り
☆特定の子どもを責める展開になる
- この授業では，友達の不適切な行動を見つけて，注意することが目的ではなく，その人に対しての注意の仕方（声のかけ方）を学ぶという点が重要である。注意されることが多い子どもがクラスにいる場合，その子どもの問題に集中しないように，取り上げる例について工夫する。

☆本人の性格やしつけの問題にする
- 環境の整備（机の配置など）や授業の工夫が十分に行われていないにもかかわらず，問題行動の原因を家庭のしつけや本人の性格に教師が求めてしまうケースがある。同様に，クラスの子どもたちが，「○○さんはわがままだから」などと行動の原因を本人の性格と関連づけることがある。このようなことがないように注意する。

指導案㉖

「どうすれば相手に伝わるのかな？」

小学校低学年向け／教室／道徳・特別活動など／45分

	教師のセリフ（●）／児童の反応（★）	備考
導入	1. 子どもたちへ問題提起をする ●今日は，友達への注意の仕方について考えてみたいと思います。 ●これまで，友達に注意したことのある人はいますか？　反対に，注意されたことのある人はいますか？ ★注意しているよ。／注意されたことあるよ。	
展開	2. 注意するときに気をつけたいことの理解 ●注意をしたとき，友達はその注意を聞いてくれましたか？ ★聞いてくれた／怒られた／無視された ●注意を聞いてもらえないとき，どんな気持ちになりましたか？ ★はらが立つ。／嫌な気持ちになる。 ●ところで，みなさんの注意はちゃんと相手に届いていたのでしょうか？　例えば，先生が「静かにして」と言っても，友達とのおしゃべりに夢中になっていて，もう一度，注意されることがありますね。どうして最初から先生の注意を聞けないのでしょうか？ ★気づかないから。／おしゃべりに夢中だったから。 ●注意されていることに気づいてもらうことが，まず大切ですね。 ●では，どうしたら，相手にすぐに気づいてもらえるでしょうか？ ★名前を呼ぶ。／相手と目があってから話す。 ●そうですね。これが，注意をするときの1番目のポイントです。 ●では，もう1つ考えてみましょう。イラスト（教材1）を見てください。先生は，三郎君に「違うよ」と注意したのですが，三郎君は何が違うのかがわからず，困っています。先生の注意したいことが伝わっていません。どう言えば伝わるでしょうか？ ★違うところを言う。／手と足が反対だよ。 ●そうですね。どこが違うかを具体的に伝えるとわかりやすいですね。これが，注意をするときの2番目のポイントです。 ●注意をしたときに相手が聞いてくれない場合，無視しているのではなくて，うまく伝わってないことがあるかもしれませんね。 3. 注意されても同じことを繰り返してしまう場合の理解と対応 ●今度は，自分が注意されたときのことを考えてみましょう。みなさんが何度も注意されることには，どんなことがありますか？ ★部屋を片付けなさい／早く寝なさい／静かにしなさい	・いやな気持ちがしたことを受けとめる。 ・教材1をはる。 ・「逆だよ」「おかしいよ」だけでは自分に言われていると気づかないことがあるので，名前を呼んで，こちらを見たことを確認してから，具体的に伝えるように促す。

	●注意されたことが，どうして一度ではできないのでしょうか？例えば，「部屋を片付けなさい」と何度も注意されるときは，次はしないようにしようと思っているのでしょうか？ 　★守ろう（やろう）とは思うのだけど…。 　★つい，忘れちゃって…。 　★片付けるのが苦手で…。 ●そうですね。守ろうと思っても，なかなかできなかったり，つい忘れてしまうことがありますね。いま，片付けが苦手という意見がありましたが，得意・不得意も関係しているかもしれませんね。 ●ところで，注意されているときは，どんな気持ちですか？ 　★自分が悪かったなと思う。 　★なんか嫌な気持ち。 　★何度も言われると，悲しくなる。 ●注意されて嫌な気持ちになるときもあるようですが，それはどんな注意をされたときですか？ 　★乱暴な口調やばかにしたような注意の仕方は嫌だ。 　★たくさんの人から同時に注意されたら嫌だ。 　★みんなの前で注意されるのは嫌だ。 ●そうですね。みなさんはいま，いろいろなことを学んでいる途中です。ですから，失敗することも注意されることもたくさんあるかもしれません。友達同士で注意するときも，相手が嫌な気持ちになる注意の仕方はしないようにしましょう。 ●そこで，クラスのルールを1つ決めたいと思います。授業中に友達が話しかけてきたときは，「うるさい」と言ったり，無視したりするのではなく，このイラスト（教材2）のように，口に指を当てて，「静かに」というサインを出してください。 ●サインを出してもうまく伝わってないなと思うときは，何度も注意するのではなく，先生に相談してくださいね。	・子どもの回答の中から例に適切なものを選択する。 ・教材2をはる。 ・そのときのクラスに必要なルールであればよい。できれば，サインで伝えられる例を選択する。
まとめ	**4．注意の仕方についての整理** ●みなさんも，それぞれに注意したり，されたりしますが，注意するときのポイントが2つありました。①相手に伝わるように注意する。②相手の気持ちを考えて，乱暴な言葉遣いや相手が嫌な気持ちになる言葉は使わないようにする。 ●また，授業中に「静かに」と注意するときは，言葉ではなくサインを使うことにしましたね。 ●みなさんには，それぞれによいところがたくさんあります。注意をするときと同じように，友達のよいところにも注目して，「○○なところがよいね」と具体的に伝え合うといいですね。	・注意だけでなく，コミュニケーションにおいては「具体的であること」が重要であることを伝える。

■この授業で押さえておくべき障害に関する知識

- ADHDがある子どもが，衝動性や多動性などの障害特性から，同じ失敗やルール違反を繰り返す場合がある。わかっていても本人は行動のコントロールがむずかしいことから，頻繁な注意に対していらだった言動が見られたり，自己評価が著しく低下するケースがある。
- 自閉症スペクトラム障害のある子どもが，厳密にルールを守ろうとして，ほかの子どもの小さな違反も見逃せず，繰り返し注意をしてトラブルに発展するケースがある。
- いずれの障害も，脳の中枢神経系の働きが十分ではないことが背景にあり，子どもの行動は，親のしつけの問題によるものではない。
- このようなケースでは，子ども同士で注意するときのルール（○○な行為についての注意は，主として教師がするなど）を，クラスで決めておくことが必要である。

■児童の反応と対応

- 「何度注意されても繰り返すのは，その子が悪いと思っていないからではないか」という発言があった場合に，「わかっていても，すぐには行動が変わらない場合があること」「行動を変えるのに時間のかかる人がいること」を伝える。
- 「サインを出しても授業中に話しかけてきたらどうすればよいのか」を尋ねてきた場合には，「もう一度サインを出すこと」「相手が嫌な気持ちにならずに気づけるように言うこと」を伝える。また，何度も注意しなくてはいけない場合には，教師に相談するように言う。

■使用した教材

- 注意の仕方を考えるための教材（教材1）

- 「お話をやめて」のサイン（教材2）

27

自分とは違う特徴がある人と自分との共通点に気づく②
がんばってもうまくいかないことを責められると悲しい

発達障害　　　　　　　　　　　　　　　　　　　　　　　向後礼子

がんばってもうまくいかないときに，言われて悲しい言葉，うれしい言葉を考えます。

■児童の様子
- クラスの子どもたちは，全体として素直で，決められたことや頼まれたことには一生懸命取り組もうとする。困っている友達に声をかけるなどの姿もみられる。
- いっぽうで，うまくできないこと，例えば，靴のひもをうまく結べない子ども（不器用さが目立つ）や，文字の読み書きが苦手な子どもをからかうなどの行動もみられる。

■この授業のねらい
- だれにでも得意なことと苦手なことがあることを知る。特に，苦手なことについて他者から指摘されるとどのような気持ちになるのかを体験する。
- 苦手なことをできるように努力している子どもに，どのような接し方や言葉かけが適切であるのかを考えさせる。
- 障害の有無にかかわらず，特定の子どもの苦手について，クラスの中で，からかいなどの行動が見えはじめたときに実施するとよい。子どもたちの発問への準備として，教師はそれぞれの子どもの得意なことと不得意なことについて把握した後に実施することが望ましい。

■この授業で陥りやすい誤り
☆苦手の克服をテーマにする
- この授業は，個々の子どもにどのような苦手があるのかを明らかにしたり，嫌な気持ち／悲しい気持ちになる言葉を集めたりすることが目的ではない。だれにでもある「苦手なこと」を周囲から指摘されることによって，どのような気持ちになるかを知り，よりよい対応とは何かを知ることが目的である。
- 「苦手なことは，努力がたりないことが理由だ」あるいは「苦手なことには挑戦しなくてもよい」という誤ったメッセージが伝わらないように留意する。

指導案㉗

「がんばってもうまくいかないことを責められると悲しい」

小学校低学年向け／教室／道徳・特別活動など／45分

	教師のセリフ（●）／児童の反応（★）	備考
導入	1. 子どもたちへ問題提起をする ●4つの顔の表情を見てください。──黒板に絵（教材1）をはる。 ●この絵のお友達は，どんな気持ちでしょうか？ 　──うれしい（楽しい），悲しい，怒っている，嫌だなぁなど，子どもの意見を吹き出しに書き込む ●そうですね。いろいろな気持ちがありますね。みなさんはどんな気持ちで1日を過ごしたいですか？ 　★うれしい，楽しい，わくわくする，など ●先生もみなさんと同じです。ですが，だれかの言葉で嫌な気持ちになったり，がっかりしたりすることがあります。 ●今日は，お互いが気持ちよくなる言葉と，嫌な気持ちになる言葉について考えます。	・いろいろな表情の絵を黒板にはる。
展開	2. "うれしい気持ち"になる言葉がけを考える ●初めに，うれしい気持ちになる言葉や態度を考えます。 ●1枚目のイラスト（教材2）は，絵をかいている女の子です。 ●みんなは，絵をかいているときに，周りの人からどのような言葉をかけてもらったら，うれしいですか？ 　★上手だね／きれいだね／うまいね　…… ●2枚目のイラスト（教材3）は，一生懸命走っている男の子です。 ●走っているときには，どのような言葉をかけられると，みなさんはうれしいですか？ 　★早いね／すごいね／かっこいいね　…… ●このクラスにも，絵をかくのが好きな人，走るのが得意な人がいますね。ほかにも，計算の得意な人，声の大きい元気な人，優しい人もいます。自分のよいところやがんばっていることを周りの人に認めてもらえるとうれしいですね。 3. "嫌な気持ち・悲しい気持ち"になる言葉かけを考える ●今度は，嫌な気持ちや，悲しい気持ちになる言葉や態度を考えてみます。 ●まず先ほどの女の子のイラスト（教材1）です。絵をかいているときに，どんな言葉をかけられたら嫌な気持ちになると思いますか？ 　★下手だね／汚いね／変だね　……	・「絵をかいている女の子」について意見をきく。 ・「一生懸命走っている男の子」について意見を聞く。 ・それぞれの子どもによいところがあることを指摘する。 ・聞くだけで嫌な気持ちになる児童もいるため，うれしい言葉よりも短く展開する。

	●次は男の子のイラスト（教材2）です。一生懸命に走っても，早くゴールできなかったとき，周りの人からどんな言葉をかけられたら悲しい気持ちになりますか？ 　★遅いね／もっと一生懸命にやればいいのに　…… ●このような言葉をかけられたら，とても悲しい気持ちになりますね。それに，この男の子は，本当に一生懸命にやっていないのでしょうか？ 4．「がんばっているけれどうまくできないとき」の言葉かけを考える ●ここで，みんなで考えたいことがあります。がんばっているけれど，うまくいかないときのことです。 ●みなさんには，苦手なことはありますか？ ●先生は，実は，片付けが苦手です。要領が悪いのか，自分では一生懸命片付けをしているのつもりなのに，「もっと早く」と言われたり，「まだ？」といらいらした態度をとられたりすることがあります。すると，嫌な／悲しい気持ちになります。 ●みなさんだったら，そんなふうに，先生がうまくできなくて落ち込んでいるとき，どんな言葉をかけてくれますか？ 　★がんばって（励ます）。 　★ゆっくりやっていいよ（待つ）。 　★手伝おうか？（手助けする） ●ありがとう。そんな言葉や態度をもらえたら，先生はとてもうれしくなります。 ●もしみなさんだったら，この中のどの言葉が一番うれしいですか？ 　――挙手を求める。 ●どれもうれしくなりますが，人によって一番は違いますね。相手の一番うれしい言葉や態度を見つけられたらすてきですね。	・発表は求めず，一人ひとりに考えさせる。 ・教師が自分の苦手なところを例にあげ，だれにでも苦手があることを共有する。 ・「励ます」「待つ」「手助けする」など，態度と言葉に整理する。 ・自分だったら，どんな態度，行動，言葉がうれしいかを考えさせる。
まとめ	5．教師の願いを伝える ●今日は，うれしい気持ちになる言葉や，嫌な気持ちになる言葉についてたくさん考えました。 ●だれにでも，「がんばってもなかなかうまくいかないこと」があります。それは一人ひとり違います。 ●そんなとき，自分の一言で，相手の人がどんな気持ちになるかということに気づくことは大切なことです。 ●みなさんが，「言われてうれしいな」と思った言葉はたくさん使いましょう。そして，「言われて嫌だな」と思った言葉は，今日から使わないようにしましょう。	・苦手があることは，悪いことでも恥ずかしいことでもないことを伝える。

■この授業で押さえておくべき障害に関する知識
- 発達障害のある子どもは，障害特性により，努力してもうまくできないことがある。しかし，環境の整備，教師の働きかけ，周囲の子どもたちの励まし，その子ども自身の発達に応じて，できるようになることが多い。

■児童の反応と対応
- できないことに対して「本当のことなのにどうして言っちゃいけないの？」という子どもには，「言われたときに，相手がどんな気持ちになるかを考えることが，最も大切です」などと，自分が気にしていることを言われると相手は嫌な気持ちなることを伝えていく。
- 「遅いと言われると，速く走れるようにがんばろと思うから，言ってもいいと思う」という子どもには，人の感じ方はそれぞれであること，言われてがんばれる人もいるが，言われると嫌な気持ちになる人もいること，一生懸命に努力しても速く走れない人がいることを説明する。

■教材例
- どんな気持ちかな（教材1）

- どんな言葉をかけるかな？（教材2，教材3）

28

自分とは違う特徴がある人と自分との共通点に気づく③
どうして同じようにできないの？

知的障害　　　　　　　　　　　　　　　　　　　　　　松本和久

一斉指導だと行動が遅れがちな子どもへの対応について具体的に考えます。

■児童の様子

- 明るく活発な子どもたちが多く，教師からの指示で動き出すことができるが，教師の指示を聞いても，すぐに理解することができず，行動が遅れてしまう子どもがいる。
- そのような子どもに対して，「先生の話をしっかり聞くことができない子」「みんなと一緒に行動できない子」「活動に遅れてきて，みんなに迷惑をかける子」というイメージをもち，ばかにした言動をとることがある。

■この授業のねらい

- 学級全体に対する教師の指示がわからず，周囲の子どもたちと違う行動をとったり行動が遅れてしまったりする子どもを，「できない子」と決めつけるのではなく，みんなと同じように行動できない訳があることを知り，具体的にどのように接すればよいかを理解する。
- 子どもたちが，みんなと同じように行動できない子どもに対する不満を訴えてきたときや，その子を否定した言動が見られたときに指導すると効果的である。

■この授業で陥りやすい誤り

☆できないことを責める場となる

- 特定の子どもを「みんなと同じように行動できない」と一方的に叱責したり，責めたりすることがないようにする。その子も「本当はみんなと同じように行動したい」と考え，できるようになるために練習をしている最中であることを伝える。

指導案㉘

「どうして同じようにできないの？」

小学校低学年向け／教室／道徳・特別活動など／45分

	教師のセリフ（●）／児童の反応（★）	備考
導入	1. 子どもたちへ問題提起する ●昨日は，全校での縦割り遊びがありましたね。1年生から6年生まで一緒になって，楽しかったですか？ ★楽しかった。 ●6年生のお兄さん，お姉さんが準備してくれて，縦割りグループで，楽しく遊ぶことができましたね。 ●今日は，そのときの話をします。	・楽しかった縦割り遊びのことを思い出せるような話をする。
展開	2. 問題となった事実を話す ●昨日の縦割り遊びのときに，こんなことがありました。1年生のAさんは，どこに行ったらよいのかがわからず，自分のグループの遊び場所へ行くのが遅くなってしまいました。 ★先生の話をしっかり聞いていないから，悪いんだよ。 ★いつでも，僕たちよりも遅いよ。 ★わからなければ，先生や友達に聞けばいいんだよ。 ●なるほど。でもね，Aさんは先生の話を一生懸命聞いていたのに，わからなくなってしまったそうです。独りぼっちで，どうしたらよいのかがわからず，とても悲しかったと思います。 ●Aさんは，先生の話が長かったりむずかしかったりすると，どうしたらよいのかが自分でもわからなくなってしまうのです。それで，わからなくてだれかに聞こうとしても，緊張してうまく話せなくなるそうです。 ●みなさんも，むずかしい話だと，何を話しているのかがわからなくなってしまうときがありますね。それに，緊張したり恥ずかしかったりして，どうしたらよいのかを自分から聞けなくなってしまうことがありませんか？ ★うん。ある。 ●Aさんが困っていることがわかったので，先生はこれからは，Aさんにも，みなさんにも，さらにわかりやすくお話しするようにしていきたいと思います。 3. どうしたらAさんがみんなと一緒に行動できるかを考える ●例えば，縦割り遊びの場所を説明するときに言葉だけで話すのと，行き先を書いて見せながら話すのとでは，どちらがわかりやすいでしょうか？ ──実際に両方のやり方で説明する ★場所が書いてあるほうがわかりやすい。	・子どもの発言を受け入れつつ，Aさんを責めることのないようにする。 ・Aさんは決して話を聞いていないわけではないことを伝える。

	★言葉だけだと，聞いているうちに忘れちゃう。 ●言葉だけでなく，書いたものを見せながら話してもらうとわかりやすいですね。 ●このほかに，わかりやすくなるにはどんな工夫がありますか？ 　★絵や写真を見せる。 　★本物だともっといい。 　★絵や写真がなければ，身ぶりを使うとよくわかる。 ●絵や写真，実物を見せたり，身ぶりを使ったりしてお話しすると，よくわかりますね。 ●では，本当に伝わったかどうかを確かめるためには，どうしたらいいですか？ 　★「わかった？」と相手に聞く。 　★「～だよね」と一緒に確かめる。 ●そうですね。「わかった？」だけでなく，「いまから，○○するんだよね」と，近くにいる人と，次にすることを確かめてあげるといいですね。 ●ほかにも，Aさんと一緒に行動するために，どんなことに気をつけることができますか？ 　★独りぼっちにならないように，Aさんを待って，「一緒に行こう」って誘う。 　★緊張しなくていいように，ゆっくりと話しかける。 ●では，「遅い！　早くして！」と声をかけたら，Aさんはどんな気持ちがするでしょうか？ 　★やろうとしているときにそう言われると，嫌な気持ちになる。 　★あせってしまうので「みんなと一緒に行くよ。急いでね」と，優しく話してほしい。 ●相手が嫌な気持ちにならないような話し方が大切ですね。	・後で振り返ることができるように，子どもの発言を板書しておく。
まとめ	**4．教師の願いを話す** ●Aさんにとってわかりやすい話し方や，みんなと一緒に行動できるような工夫を考えることができましたね。 ●このように，どうすれば相手に伝わりやすいかを考えてみんなが行動できるようになると，Aさんもみんなも安心でき，過ごしやすいクラスになると思います。これからみんなで，そんなクラスにしていきましょう。	

■この授業で押さえておくべき障害に関する知識
- 小学校低学年の子どもたちに，知的障害についての説明をする必要はない。ここでは，「ものごとを理解するのに時間がかかる」「初めてのことや変化が苦手」といった知的障害の特徴だけを取り上げる。
- また，そのような特徴をもつ人がいること，周りの人が接し方を工夫することで，その人の困っていることが軽減されることを伝えるようにする。

■児童の反応と対応
- Aさんに対する工夫は，Aさんだけでなく，他の子どもたちにとっても有効であること，それによってみんなが安心して過ごしやすいクラスになることを確認したい。
- 「Aさんが話を聞いていないから悪い」「Aさんはみんなに迷惑をかけている」など，Aさんを責める発言があることが予想される。その発言を決して頭ごなしに叱らず，その気持ちを受けとめたうえで，話の内容がわからないときに自分が責められたらどのように感じるのかを考えさせるようにする。そのうえで，「Aさんが困らないようにするにはどうしたらよいか」をみんなで考えるようにしたい。
- 「みんなと同じように行動できない子ども」がクラスにいる場合，その子どものことを話していると本人やクラスの子どもが感じないように，一般的な話やほかのクラスや学級の話として扱うなどの配慮をする。

29

自分と異なる行動をする人が、なぜその行動をとるのかを知る
注意を集中することが苦手な子ども

発達障害　　　　　　　　　　　　　　　　　　　向後礼子

注意を集中することができない子どもの具体例をもとに，その人の気持ちを考えます。

■児童の様子

- クラスの雰囲気は全体的に落ち着いているが，クラスの決まりごとや友達間のルールを守れない子どもに対して，からかいや「どうしてできないのか」などの非難が多くみられる。
- 少人数の仲よしグループが複数できているが，どのグループにも属していない子どもがいる。これらの子どもは班での行動は一緒に行うが，ほかの場面では1人で過ごしていることが多い。
- 全体として，ほかの人と同じように行動すること，周りと違う行動をしないことに意識が向いており，班活動でいろいろなアイデアを出すことや，授業中の発言回数が多いことなど，目立つ行動に対してもあまり好意的でない。

■この授業のねらい

- 授業中に突然席を立ったり，授業の内容と関連のない発言や質問をたびたびする子どもがいたとき，その行動を非難するのではなく，なぜそうした行動が起こるのかについて，その理由を知る。また，そうした行動をする子どもの気持ちを考える。
- 新学期が始まってしばらくたち，クラスの中で，それぞれの子どもがほかの子どもの行動や性格について理解しはじめ，互いに「得意なこと」「苦手なこと」などについて話し合うことができるようになったときに行うとよい。

■この授業で陥りやすい誤り

☆「自分とは違うからわからない」と切り捨てる

- 注意の集中や切りかえのように，自分にとっては自然な行動について，それが苦手（できない）なのは「不真面目だから」「いい加減だから」などと，子どもたちが考えることがある。その子どもの性格の問題として周囲がとらえることのないように留意する。

指導案㉙

「注意を集中することが苦手な子ども」

小学校高学年向け／教室／道徳・特別活動など／45分

	教師のセリフ（●）／児童の反応（★）	備考
導入	1. 子どもたちへ問題提起をする ●今日は「注意」について考えます。ただし，これから考える「注意」は，悪いことをして叱られるときの「注意」ではありません。「注意して話を聞こう」というときの「注意」です。	
展開	2. "注意を集中する"という状態を理解する ●ふだん，私たちは，身の回りのたくさんの音のうちから，1つの音だけに注意を向けて聞いています。例えば，いま，先生の話を聞いているときに，他の音は聞こえていませんか？ 耳を澄ますと，何の音が聞こえますか？ 　★運動場で体育をしているクラスの声／音楽室の音……。 ●そうですね。同時にいろいろな音が聞こえていますが，その中から1つの音に注意を向けて聞いているのですね。 ●（急に小声で）今日は，よい天気ですね。 　――黒板を示しながら小声で言う。 ●何と言ったかわかりましたか？ ●こんなふうに小さい声にも，注意を集中できましたね。 ●今度は，見ることについて，試してみましょう。 ●先生がいまからボードを見せます。ボードにはたくさんの星があります。いくつあるか，星だけに注意を集中してみてください。 ●いいですか，星にだけ注目しますよ。 　――教材1を見せ，録音した電車の音などを流す。 ●はい。星はいくつありましたか？ 　★25個！ ●ところで，星のほかにも何か書いてありましたか？ 　★レモン／こんにちは！／16－5／数字…… ●どうして読んでしまったのですか？ 　★目に入ったから／なんとなく……／時間があまったから ●星だけを見ようと思っても，目に入ってしまったのですね。 ●ところで，星の数を数えているときに，他の音は聞こえましたか？ 　★電車の音！／人の話し声 ●そうですね。星に注意を集中していても，同時に見えるものや聞こえる音を完全に無視できるわけではありません。ですが，みなさんは，なるべくそれらを気にしないようにして星の数を数えようとしたのではありませんか？ 　★うん。そう！／見えたけど（聞こえたけど），無視した。	・子どもが耳を澄ましている間に黒板に「先生が何を言っているかを当ててください」と書いておく。 ・教材1を約15秒見せた後に隠す。

	3. 刺激にすぐに反応してしまう人の行動と気持ちを知る	・教材2を貼る。
	●これから紹介する太郎君（架空）は，注意を集中するときに，同時に見えるものや聞こえる音を無視するのが苦手な男の子です。	
	●太郎君は，先生が「黒板を見て」と言ったときに，水槽の中のキラキラ見える光に気づき，それが気になりました。また，外から救急車の音が聞こえてきたので，何があったのだろうかと思い，つい席を立ってしまいました。先生から席に着くように言われて座ると，今度は友達のひそひそ話が聞こえてきました。太郎君の興味のある内容だったので，ついその話に割り込んでしまいました。そのとき，壁の時間割が目に入り，明日は大好きな体育があることに気がつきました。思わず先生に，「明日はプールですか？」と質問をしてしまいました。	・次々に注意が移ることを具体的にイメージさせるように話す。
	●太郎君にどんな印象をもちましたか？	
	★落ち着かない／迷惑／なんで静かにできないの？	
	★自分だったら，気になることがあっても我慢する	
	●いろいろな意見がありますね。太郎君も「先生の話に注意を集中しなくては」と思っているのですが，目に入るものや聞こえてくる音を無視することがとても苦手なので，いちいちそれに気をとられてしまい，注意を集中することがうまくいかないのです。	・なぜ太郎君が授業とは関係のない質問を突然したのかを理解できるように話す。
	●みなさんにも苦手なことはありますか？ 計算が苦手，走ることが苦手など，自分が苦手なところを「どうしてできないの？」と人から言われたら，みなさん答えられますか？ また，どんな気持ちになりますか？	
	★どうしてよいのか，わからない／悲しい……	
	●太郎君も，どうして自分はうまくできないのかなと思っています。それなのに，からかわれたり，迷惑だと言われたら，悲しくなりますね。	・ここでは，具体的な対応について考えるのではなく，友達の気持ちを考える姿勢を大切にする。
	●もし太郎君がこのクラスにいたら，先生は太郎君と一緒にどうしたらよいのかを考えたいと思います。みなさんはどうしますか？	
	★一緒に考える／よい方法を見つける	
まとめ	**4. 教師の願いを伝える**	
	●今日は，「注意を集中すること」と，一生懸命集中しようと思っても，それが苦手な友達がいることを知りました。	
	●苦手なことがあると，みんなと同じようにできなかったり，違う行動をしてしまうことがあります。そういうときに，「おかしい，変だ」と決めつけるのではなく，何か理由があるのかなと一緒に考えると，太郎君も気持ちが楽になり，苦手なことがあっても，少しずつうまくいくことを増やしていけると思います。	

■この授業で押さえておくべき障害に関する知識

- ここでは，注意集中が困難な子どもとして，ADHDがある子どもを想定している。ADHDのある子どもは，注意を向ける対象が次々に変わったり，衝動性（順番を待てない，他者の発言に割り込むなど）や多動性（離席行動が目立つ，しゃべりすぎるなど）がある場合がある。このため，学校で教師の叱責を受けやすく，友人関係でもトラブルが生じやすい。その結果，自己評価が著しく低下してしまうこととなる。
- 注意集中が困難な子どもに対しては，教室内でよけいな刺激がなるべく少ない席（窓側を避けるなど）を選び，ルールを明確に示すこと，注意をする際には短い言葉で具体的に伝えることが求められる。また，改善が認められた場合に，その場でしっかりとほめることが大切である。

■子どもの反応と対応

- 「苦手なことでも，がんばればできるはずだ」「太郎君はがんばっていないだけじゃないか」と考える子どもがいる。その場合には，だれにでも苦手なことがあること，努力してもすぐに苦手をなくすのはむずかしいことを伝えたい。また，「太郎君も注意を集中できるように，いま，がんばって練習しているところである」などと話し，「苦手なものはできなくても仕方がない」と子どもが感じないようにさせたい。

■準備

- 注意の集中について考えるための教材（教材1・教材2）
- ICレコーダーに街の音などを録音したもの。

教材1

教材2

30

知的障害者が日常生活で困ることを知る
交流で困ることとその解決法

知的障害　　　　　　　　　　　　　　　　　　　　　　　　松本和久

特別支援学級との交流授業を振り返り，知的障害のある人が苦手なこととその対応を考えます。

■児童の様子
- 特別支援学級の子どもたちと，交流および共同学習や日常生活の中でかかわりがある。
- 特別支援学級の子どもが，教師の指示を守れなかったり指示と異なる行動をとったりしているのを見て，「なぜ，指示を守れないのか」「勝手な行動をされると困る」と思うことがある。

■この授業のねらい
- 特別支援学級で学ぶ子どもたちが日常生活の中で何に困っているのかを知り，自分はその子どもたちにどのように対応したらよいのかを考える。
- 特別支援学級との交流の事後指導の一環として行うことが有効である。

■この授業で陥りやすい誤り
☆ネガティブな発言を否定する
- 特別支援学級の子どもの行動に対して，通常学級の子どもたちが嫌な思いをしたり，迷惑に感じたりすることがある。しかし，そのように感じることを「よくないこと」として叱ったり，発言できない雰囲気にしたりするのは適切ではない。子どもたちは，教師に叱られないように「迷惑だ」「嫌だ」などと感じていても，表面的には特別支援学級の子どもと仲良くする姿を見せ，本心では「一緒に過ごしたくない」などと感じてしまうことになるからである。
- 子どもたちが感じていることを素直に発言できるようにし，その思いをまず教師が受けとめたうえで，特別支援学級の子どもが不適切な行動をしたときに，自分たちがどう対処したらよいかを一緒に考えるようにする。

指導案㉚

「交流で困ることとその解決法」

小学校高学年向け／教室／道徳・特別活動など／45分

	教師のセリフ（●）／児童の反応（★）	備考
導入	1. 子どもたちへ問題提起をする ●今日は、○○学級（特別支援学級）との活動を振り返り、これからの交流をもっとよいものにするためにはどうしたらよいかを考えます。	・特別支援学級との交流授業の一環として行うことを想定。
展開	2. これまでの交流を振り返る。 ●○○学級とのこれまでの活動の中で、みなさんはどんなことが楽しかったですか。 　★スイートポテトを一緒に作ったこと。 　★○○ちゃんがおもしろいことをするので、とても楽しかった。 ●一緒に活動して、楽しいことがたくさんありましたね。反対に、活動する中で困ったことはありましたか。 　★話しかけても答えてくれなかったり、関係のないことを言ってきたりした。 　★勝手なことをしたり、嫌なことを言われたりした。 　★静かにしなくてはいけないときに、声を出してしまう。 　★交流中に、ふらふらとどこかに行ってしまった。 ●一緒に楽しく活動したけれど、困ったこともあったのですね。 3. 知的障害について説明する ●○○学級の友達は、みんなに比べて成長が少しゆっくりです。そのため、少人数で、ゆっくりていねいに勉強や集団でのルールを学んでいます。 ●なぜ成長がゆっくりなのか、原因ははっきりしていないのですが、次のような人がいます。 　・お母さんのおなかの中で、病気になったり、事故が起きた。 　・生まれた後に、高熱の出る病気になったり頭にけがをした。 ●そのため、○○学級の友達には、苦手なことがあります。さっき、みなさんが発表してくれた「困ったこと」も、この苦手なことと関係しています。 ●○○学級の友達の苦手なことを整理すると、次のようになります。 　① 話を聞くのが苦手。 　② 初めてのことや変化に、なかなか慣れることができない。 　③ たくさんのことを覚えられない。 　④ 疲れやすかったり、集中が長続きしない。 　⑤ 自分で判断することが苦手。	・印象に残る行事や最近行った活動など、具体的な場面を思い出す。 ・交流授業のコラム⇒p152

	●このように苦手なことがあるために，○○学級の友達は，みんなと同じようにしようと思ってもうまくできなくてイライラしてしまったり，やる気がでなくなったりすることがあります。○○学級の友達も，日常の生活で「困っている」のです。 **4. 苦手なことを補う工夫について考える** ●では，○○学級の友達が困っていることを減らすために，私たちはどうしたらいいでしょうか？ 　★苦手な部分を手伝う。 　★苦手でも一緒にできるようにやり方を工夫する。 ●そうですね。「○○学級」の友達は苦手なところが助かり，みんなは一緒に活動するときに困ることが少なくなるような，ちょっとした工夫ができるといいですね。 ●では，先ほど示した①〜⑤について，どんな工夫ができるかを1つずつグループで考えてみましょう。 　★① 短くゆっくり話す。／身ぶりや実物，絵などを使って話す。／質問するときは答えを選べるようにする。／答えやすい聞き方にする。 　　② 予定をあらかじめ伝えておく。／「一緒に行こう」などと優しくさそう。 　　③ 何かを伝えるときは，メモに書いてわたす。 　　④ こまめに休憩をとる。 　　⑤ せかさないで，少しの間，待つ。／何をやったらよいかを簡単な言葉で伝える。 ●たくさんの工夫が出ましたね。ただし，みなさんが○○学級の友達にこのように工夫をしてもうまくいかないときもあります。本人がすごく困っているとき，みなさんもどうしたらよいかがわからないときは，みなさんだけで何とかしようとするのではなく，必ず先生に相談してくださいね。	・グループで話し合いの時間を設けた後，発表の時間をとる。 ・解決するために具体的に何ができるのかを考える。 ・発言を①〜⑤に位置づけながら板書する。 ・工夫することで，困ったことがどのように解決するのかについても話す。
まとめ	**5. 今後の交流に期待できるようにする** ●今日は，いろいろな工夫を考えることができました。 ●みなさんが少しずつ工夫することで，これまで一緒に活動したときに困ったことも解決できそうですね。すると，これまで以上に楽しく活動することができそうですね。	・次の活動へつながるように話す。

■この授業で押さえておくべき障害に関する知識
- 指導にあたる教師は，知的障害について以下のような知識を押さえておきたい。

〈知的障害の主な原因〉

- 原因の約8割が出生前に発生している。
- 母体を通じて，感染症，毒物，アルコール，大量の放射線などが影響すると，知的障害を起こすことがある。
- 遺伝子や染色体の異常など，子どもが先天的にもつ原因で生じることがある。
- 出生後の感染症やけがなどをきっかけに，知的障害を起こすことがある。

〈知的障害のある子どもの主な特徴〉

- 言葉の発達が遅れる。
- 物事を理解するのに時間がかかったり，記憶する量が少なかったりする。
- 初めてのことや急な変化を苦手とする。
- 疲れやすかったり，集中が長続きしなかったりする。
- 自分で判断することを苦手とする。

〈特別支援学級について〉

- 特別な支援を要する子どものために設けられた学級であり，1学級8名で編成される
- 個々の子どもの抱える課題に応じた教育が提供される。
- 子どもの状況に応じて，生活交流（給食など），学校行事（運動会など），特別活動の交流（クラブ活動など），教科交流（個別の支援を必要とする教科（例えば，算数や国語）は特別支援学級で受けるが，その他の教科（例えば音楽や体育など）は通常学級で受ける）などの形態をとりながら，交流および共同学習が行われている。

- 障害の説明の仕方や授業の進め方については，事前に特別支援学級担任と相談し，打ち合わせておく。また，特別支援学級担任とティームティーチングで授業を行い，障害の原因や対応については特別支援学級担任から話してもらうとより良い。

31

発達障害者に対する援助方法を知る
刺激のとらえ方が違う人への接し方や配慮

`発達障害`　　　　　　　　　　　　　　　　　　　　　　　　　　西館有沙

感覚過敏の例を通じて，一人ひとりの感じ方の違いや，必要な配慮について学びます。

■児童の様子
- 発達障害についての知識をもたない子どもが多い。
- クラスに発達障害のある子どもがいても，障害特性としてではなく，その子どもの特徴として行動をとらえていることが多い。
- みんなと違う行動をしたり，発言をしたりする子どもに，疑問や違和感をもつ子どもがいる。また，クラスの中でその子どもが仲間外れにされることがある。

■この授業のねらい
- 感覚が過敏でさまざまな刺激を不快に感じる人がいることに気づくとともに，感覚は人によって異なることを学習する。これによって，感覚が大きく異なる他者を自分たちとはまったく異なる存在であるととらえることのないようにする。
- 他者の苦手な感覚に配慮した行動とは何かを知る。

■この授業で陥りやすい誤り
☆一方的な配慮を求める
- 発達障害児の行動特性（ここでは感覚過敏）を，「障害だから仕方のないことであり，周りが一方的に配慮しなくてはならない」と伝えることはしない。
- この授業の場合は，不快な感覚には人によって違いがあることを実感させたうえで，自分と違う感覚をもつ人への配慮について考えられるように導く。
- 「発達障害」という言葉をいきなり用いると，その診断を受けている子ども，あるいはその特性のある子どもに対して，「あの人は発達障害だ」などとレッテルをはることが考えられる。そのため，この授業において「障害」という言葉は用いない。

指導案㉛

「刺激のとらえ方が違う人への接し方や配慮」

小学校高学年向け／教室／総合・道徳など／45分

	教師のセリフ（●）／児童の反応（★）	備考
導入	1. 本時の活動について説明する ●今日は，自分の，そしてほかの人の「苦手な感覚」について考えてみましょう。 ●ヘアドライヤーの音が大嫌いな人って，いると思いますか。 　★「そんな人はいないと思う人」 　★「もしいたら，ちょっと変だと思う」 ●「少し変だな」と思うのはなぜでしょうか。 　★自分の考えを述べる。	・ここでは，子どもの意見を否定しない。
展開	2. 苦手な感覚は人によって違うことを知る ●では，みなさんの苦手な音とか感触は何ですか。 　★黒板をひっかく音／雷の音／くすぐられること ●自分のすごく苦手な音を聞いたときや，すごく苦手な感触に触れたとき，みなさんの身体はどのように反応しますか。 　★ぶるぶる震える。 　★その場に居たくなくなる。 ●みなさんの意見が多かった「黒板をひっかく音」について，自分はどのくらい苦手だと感じるかを教えてください。 ●マグネットを配るので黒板の線分に印をつけてみましょう。 　――黒板に1～10までの線分を描く ●（黒板の印を見ながら）苦手なことやそのレベルは，人によって少しずつ違うことがわかりますね。 3. 自分とは大きく異なる痛覚をもつ存在に気づく ●これから，A君という男の子のお話をします。 　【事例1】みんなでドッジボールをして遊んでいます。A君は，ボールを当てられると，「痛い！痛い！」と，とても痛がります。 ●ボールが当たっただけでこんなに痛がるなんて，A君は弱虫なのでしょうか。 ●（子どもの反応を受けて）痛みの感じ方や痛みを感じる強さは，人によって違います。これから紹介するBさんのように，皮膚の感覚がとても敏感で，痛みを感じやすい人もいます。 　【事例2】Bちゃんは，雨が嫌いだと言います。雨に当たると痛いのだそうです。「私は痛くないよ」と伝えたら，Bちゃんはとてもびっくりして，「みんな，雨が痛いから傘をさすのではないの？」と言いました。	・マグネットを配る。 ・暑がりな人や寒がりな人がいるように，痛がりの人がいるなどのように，事例を出しながら説明を行う。

	4. 苦手な感覚は慣れないこともあることに気づく ●人と感覚が大きく違う場合は，「あの人の感覚は自分と違う」と気づきます。でも，違いが小さい場合には，さっきみなさんに黒板にはってもらったように，本当は違っているのに，そのことに気がつかないのですね。 ●ここで，初めの質問に戻りましょう。ヘアドライヤーの音が大嫌いという人は，人と感覚が違うことはちょっと変だから，それを直したほうがよいでしょうか。自分がすごく嫌いな音や，痛いと感じることを，すぐに直すことはできるでしょうか。 ●もしも，あなたの感覚はちょっと変だから，すぐに直しなさいといわれたら，どう思いますか。 　★考えを述べる。 **5. 自分とは違う感覚をもつ友達とのつきあい方を考える** ●もう1人，最後にC君のお話をします。 【事例3】僕は先生から「C君を呼んできて」と言われたので，C君の後ろから背中を軽くポンと叩いた。そしたら，C君は飛び上がって嫌がった。僕は強く叩いていないのに，どうしてそんなにC君は嫌がるのだろう。 ●C君はどうして嫌がったのでしょうか。 　★痛かったから。 　★急に叩かれて，びっくりした。 ●C君は痛かったのかもしれないし，「僕」の存在に気づいていなくて，急に背中を触られて驚いたのかもしれないですね。 ●では，「僕」はどのようにC君を呼べばよかったのですか。C君が驚かないように，「先生が呼んでいます」と伝える方法はあるでしょうか。 　★考えを述べる。 ●○○さん，その方法を実際にちょっとやってくれますか。 　★考えたことを実演してみる。 ●みなさんが考えたように，身体にいきなり触るのではなく，C君の見える位置に立って，名前を呼ぶなどするとよいですね。 ●もしもC君が大きい音が苦手であったら，大きい声で名前を呼ぶのもやめたほうがよいですね。	・「慣れる感覚もあれば，慣れない感覚もある」「すごく嫌なことは我慢ができない」ことを伝える。 ・メモをわたす方法もある。目の前にメモを見せて注意を引き，静かにわたす。
まとめ	**6. 授業のまとめをする** ●私たちの感覚は，本当は一人ひとりみんな違っています。 ●世の中には，まだみなさんの知らないいろいろな人，自分とは少し違う人がたくさんいるのですね。	

■この授業で押さえておくべき障害に関する知識
- 発達障害者の中には,感覚が非常に敏感で,多くの人には何ともないことを痛いと感じたり,一般的には気にされない音をとても嫌がったりする人がいる。また,それとは逆に,感覚が鈍いために,けがをしていることに気づかなかったり,発熱に気づかず症状を悪化させてしまったりする人もいる。
- 人は自分の感覚を基準に考え,ほかの人と感覚の違いはそれほど大きくないと考える傾向がある。そのために,感覚が過敏であったり鈍かったりする発達障害者は,周囲の人から「変わっている」「大げさである」「我慢がたりない」などと思われてしまうことがある。

■児童の反応と対応
- 「感覚が自分たちと大きく異なるのはおかしい」「そんなふうに感じるのは変だ」というように,子どもたちが感覚の違いを幅広くとらえることができない場合は,「先生の知り合いにも〜という人がいましたよ」など,教師の経験談という形で,さまざまな人が実在することを事実として知らせていく。

■使用した教材
- 磁石シート（2色）
  黒板に書いた線分につける印として使用。
  色のついた磁石シートを,子どもの人数分に小さく切り分けて作るとよい。

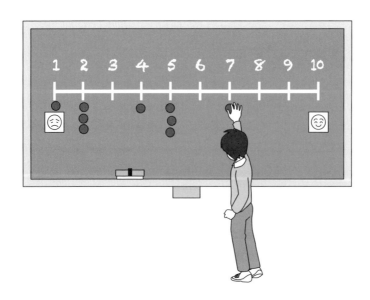

32

知的障害者の生活上の工夫を知る
知的障害がある人のためのバリアフリー

　知的障害　　　　　　　　　　　　　　　　　　　　松本和久

言葉が通じない国を例にして，知的障害のある人とのコミュニケーションの工夫を考えます。

■生徒の様子
- 特別支援学級や特別支援学校などとの交流を通して，知的障害のある子どもとかかわった経験がある。
- 「知的障害」という概念を，正確ではないにしろ，もちつつある。
- 「バリアフリー」という言葉を聞いたことがある。

■この授業のねらい
- 知的障害のある人が生活するうえで困っていることや，生活しやすくなるための世の中の工夫を知る。また，世の中の工夫によって，知的障害のある人が安心して生活できるとともに，自分たちと同じように日常生活を送りやすくなることを実感する。

■この授業で陥りやすい誤り
☆不便さばかりを強調する
- 言葉の通じない国に行ったときの工夫を考える際に，周囲からの手助けをありがたいと感じる体験ばかりを強調しすぎると，生徒は「知的障害のある人もきっと困っているのだから，いつでも手助けしたほうがよいのだろう」と考えてしまう。援助をする気持ちを育むことは間違いではないが，知的障害のある人も，さまざまな工夫によって，1人で安心して生活できる環境が整えられていること，また知的障害のある人が自分でできることもたくさんあることを生徒たちに感じてもらいたい。

指導案㉜

「知的障害のある人のためのバリアフリー」

中学校向け／教室／総合など／50分

	教師のセリフ（●）／生徒の反応（★）	備考
導入	1. バリアフリーについて知っていることを聞く ●「バリアフリー」という言葉を，聞いたことがありますか。 ●「バリアフリー」について知っていることを発表してください。 　★段差がないこと。 　★お年寄りや障害者が暮らしやすいこと。 ●そうですね。一般に「バリアフリー」とは，人々が生活するときに障壁となっているバリアをなくすことをいいます。ただ，世の中には「物理的なバリア」のほかにも，「制度的なバリア」「文化・情報面のバリア」「心のバリア」があります。バリアフリーを実現するためには，この4つのバリアを取り除くことが必要であるといわれています。 ●世の中には，お年寄り，障害のある人，外国の人など，いろいろな人がいます。すべての人にとって生活しやすい社会にするためには，「バリアフリー」が大切になります。 ●今日は，バリアフリーについて，文字を読んだり理解したりすることのむずかしい人が生活しやすい社会について考えます。	・バリアフリーについて知っていることを答える。
展開	2. 言葉が通じない国で困ること，解決のための工夫を考える ●想像してください――いま，みなさんは，まったく言葉の通じない外国に来ています。みなさんが授業で習っている英語も通じません。文字を読むこともできません。この国に来て，初めて電車に乗って買い物に行くことになりました。―― ●このとき，みなさんはどのようなことに困るでしょうか。 　★目的地までの行き方がわからない。 　★運賃や自動券売機の操作方法がわからない。 　★電車の乗り場がわからない。 ●わからないことが多くて，たくさん不安を感じますね。 ●では，どんな工夫があれば，言葉がわからなくても安心して電車に乗り，目的地まで行くことができるでしょうか。 　★グループで話し合う。 ●話し合ったことを発表してください。 　★駅ごとに絵が描かれていて，その絵が路線図にも載っていれば，行きたい駅の絵を指さして，駅員さんから切符を買える。 　★行き先の写真を周りの人に見せて，連れて行ってもらう。 ●いろいろと考えてくれましたね。言葉がわからなくても，文字以外の情報があれば，何とか電車に乗れそうですね。	・少人数のグループで話し合う時間を設ける

	3．知的障害のある人が生活するうえで困ること，解決のための工夫を知る ●実は，このような工夫は，知的障害のある人のバリアフリーを考えるうえで，とても役に立ちます。 ●知的障害のある人は，よく行く店での買い物や，毎日利用しているバスや電車などに乗ることは，問題なくできます。しかし，むずかしい言葉や複雑な文章，具体的でない事柄を理解することが苦手です。そのため，慣れない場所で初めてのことをするときに，案内板や行き先表示を見たり，見ず知らずの人にどうすればよいのかを尋ねることが，うまくできません。 ●そこで駅などには，知的障害のある人が困らないように，いろいろな工夫がされています。例えば，この写真を見てください。どのような工夫がされているでしょうか。 　★路線が色別で，自分の乗りたい電車がわかりやすい。 ●このほかにも，先ほどみなさんが発表してくれたように，各駅にイラストが表示されているところもあります。駅に，番号がついているところもあります。 ●また，IC乗車券などを利用すれば，運賃を調べる必要がないし，切符を買う必要もありませんね。 ●「コミュニケーションボード」というのもあります。絵記号や写真などが描かれているボードです。 ●このボードをどのように使うのかを実際にやってみましょう。だれか，先生の相手をしてくれませんか？ ●先生もあなたも，言葉を使わずにこのボードだけで会話をします。 　――コミュニケーションボードを指さしてやりとりをする。 ●コミュニケーションボードを使うと，言葉を交わさなくても，絵や写真を指さすだけで自分の意思を伝えることができますね。外国人や，耳の不自由な人にとっても便利ですね。	●色別で示された路線図の写真（p180参照）を提示する。 ●コミュニケーションボード（p180参照）を提示する。
まとめ	**4．さまざまな工夫によって，知的障害のある人が安心して生活できることを知る** ●いつもと違う場面や出来事に出合ったときに，言葉が通じず，案内の文字を読んだり，人に話を聞いたりすることができないと，とても不安になることを感じられたと思います。 ●知的障害のある人は，先ほども言ったように，ふだん行っていることは問題なくできますが，新しい場面に対応することが苦手です。でも，今日勉強したようなさまざまな工夫があれば，私たちと同じように，安心して自分の力で自分のやりたいことをすることができますね。	

■この授業で押さえておくべき障害に関する知識

- 「バリアフリー」を実現するには、次の4つのバリアを取り除くことが必要だといわれている。

> ①物理的なバリア：出入り口や通路に段差があったり、幅が狭かったりすると、車いすの人などは利用できない。
> ②制度的なバリア：障害があることで資格が取れなかったり、入学や就職の試験が受けられなかったりすると、自分の思うように活動ができない。
> ③文化・情報面のバリア：目の不自由な人には点字や音声案内、耳の不自由な人には手話通訳や文字情報などがないと、必要な情報が伝わらない。
> ④心のバリア：障害があることを偏見の目で見たり、特別扱いしたりすると、平等な参加や交流ができない。

■生徒の反応と対応

- 知的障害のある人が1人で外出したり買い物に出かけたりすることは無理であると、最初から決めつける発言があった場合、「100円ショップならば買い物をしやすい」ことや「最近はICカードでの支払いができる」ことなどの例を出して、知的障害のある人も外出したり買物をしたりしやすい環境が整えられつつあることを伝える。

■使用した教材

- 鉄道路線図
- コミュニケーションボード（セイフティーネットプロジェクト横浜　事務局：横浜市社会福祉協議会障害者支援センター）

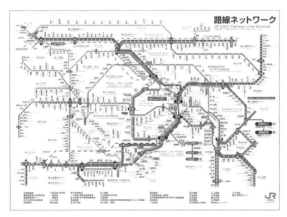

※実際には色別で示されている。
※2016年3月26日現在。提供：JR東日本。

33

発達障害者が日常生活で困ることを知る
発達障害ってどういうこと？

発達障害　　　　　　　　　　　　　　　　　　　向後礼子

読み書き困難の疑似体験を通して，発達障害という見えにくい障害があることに気づきます。

■生徒の様子

- クラスの雰囲気は明るく活発である。ただし，友達の間違いなどを指摘するときに，相手の気持ちを考えないで発言をすることが多く，言い合いに発展することがある。
- グループの競争などがあると，できない生徒に対してあからさまに不快な態度を示すことがある。
- 知的障害については，抽象的な言葉を理解することや計算が苦手であるなど，曖昧ながらも理解している。発達障害に関しては，言葉を聞いたことがあるというものの，具体的にどのような状態の人を指すのかはわかっていない。

■この授業のねらい

- 発達障害があるために日常生活の中で"困っていることがある"友達の存在に気づくとともに，困難（障害）のある人の気持ちを考えらえるようになる。

■この授業で陥りやすい誤り

☆「困難」を障害と安易に結びつけない

- 発達障害による困難には，「努力や配慮があっても困難なもの」から「努力することや周囲の配慮によって，目立たなくなる困難」までの幅がある。発達障害による困難は人によって幅があることを伝えたうえで，困っている人への気づきや配慮の具体例について考えさせたい。
- 発達障害がなくても，日常生活で困っていることは，だれにでもあるが，生徒はそのような自分の困難を障害と結びつけて考えやすい。困難が障害と判断されるかどうかだけに生徒の意識が集中しないように注意する。

指導案㉝

「発達障害ってどういうこと？」

中学校向け／教室／道徳・総合・特別活動など／50分

	教師のセリフ（●）／生徒の反応（★）	備考
導入	1. だれにでも得意・不得意があることを確認する ●みなさんが，自分で得意だなと思うことは何ですか？ 　★走るのが速い／絵を描くことが得意 ●では，反対に苦手なことは何ですか？ 　★文章題を解くこと／マラソン ●得意なことと苦手なことが，だれにでもありますね。 ●ただし，その差がとても大きく，特に苦手な部分がとても強く現れて困っている場合を，「発達障害」といいます。今日は，だれにでもある苦手なことと発達障害について考えていきます。	
展開	2. 発達の偏りについて知る ●この中で，本を読むことが苦手だという人は手をあげてください。 ●はい，正直に手をあげてくれてありがとう。 ●いま，手を挙げた人の中でも，「本を読むことの苦手さ」には，それぞれ個人差があると思います。少し苦手だと感じる人から，とても苦手だと感じる人までいることでしょう。 ●この図（教材1）を見てください。左端から右端まで少しずつ色が変化していますが，みなさんはどこからが青だと思いますか？ 　★何人かが指さす。 ●人によって，どこまでを青と感じるかは微妙に異なりますね。 ●実は，発達障害も同じです。例えば，左端の青の部分を，その人が苦手で非常に困っている状態とします。右端の白い部分は，困っていない状態です。このうち，どのくらい困っていると発達障害というのか，どこからが発達障害なのか，というのはとてもむずかしい問題です。 3. がんばっても，うまくいかないときの気持ちを感じる ●ところで，文字の見え方というのはみんな同じだと思いますか？ ●まず，これ（教材2）を見てください。ここには，何と書いてありますか？ ●次に，これ（教材3）を見てください。上と同じように見えますか？ ●実は，発達障害のある人の中には，文字の見え方が周囲の人の見え方とは違っていることがあります。視力の問題ではなく，文字が歪んだり二重に見えたりする人もいます。 ●もしも，みなさんが下の文字をずっと読まなくてはならなかったらどうですか？ 　★疲れる／わかりにくい／読みにくい	・生徒たちの多くが苦手だと感じることを例にあげる。 ・教材1を示す。 ・教材2を見せる。 ・教材3を見せる。

	●そうですね。読みにくいし，読んでいて疲れてしまいますね。 ●ちょっと，体験してみましょう。これから黒板に示す文字を，同じようになるべく早く紙に書き写してください。 　——生徒が書いているときに，教師は「もっと速く書いて」「ひらがなだから簡単でしょ」などの言葉がけをする ●書いているとき，どんな気持ちになりましたか？　また，先生に言葉をかけられてどうでしたか？ 　★いらいらした／何でできないのかと思った 　★うるさい／簡単とか言われると嫌な気持ち 　★がんばってるのにうまくいかないと思う ●がんばってもうまくいかず責められると，とてもつらいですね。 **4. 発達障害の特徴を知る** ●発達障害のある人の中には，書けるけれどうまく読めない，読めるけれどうまく書けないという人もいます。例えば，世界的に有名な俳優さんの中にも，すばらしい演技をして，何度も大きな賞をもらっていますが，実は自分で台本を読むだけでは内容を理解することができないという人がいます。 ●みんなと同じかそれ以上にできることがたくさんあっても，ある一部分だけが大きく苦手なのです。 ●また，発達障害のある人が抱えている困難は，周りからはわかりにくいという特徴があります。 ●例えば車いすの人は，どのようなことが困難がわかりますか？ 　★歩くことができない。／高いところのものがとれない。 ●はい。そうですね。どのようなことに困難を感じているのかが，周りにもわかります。 ●しかし，発達障害のある人は，どんなことに困難を感じているかが，周囲からはわかりにくいのです。そのため，その人が困っていると気づかずに，「怠けている」「努力がたらない」などと周囲の人が批判をしてしまうことがあります。	・20文字程度の鏡で反転させたひらがなの文章を用意する。 ・発達障害のある人すべてに読み書きの困難があるわけではないことに留意する。
まとめ	**5. まとめ** ●今日みなさんは，がんばっているのにうまくできないときのいらいらや焦りを体験しましたね。発達障害のある人も，がんばっているのにうまくいかずに，悔しい思いをしていることが多くあります。怠けているわけでも，努力がたりないわけでもないけれども，日常生活で困難を抱えている人たちがいることを覚えておいてください。	

■この授業で押さえておくべき障害に関する知識
- 得意不得意はだれにでもあるが，その差が非常に大きく，日常生活を送るうえでどうしてもうまくいかないこと，勉強や生活に支障がある場合に，発達障害があると考えられる。
- 発達障害のある人が抱える困難はさまざまであるが，周囲の接し方や教材の工夫，環境の整備，本人の努力などによって困難が軽減される。しかし，それで障害がなくなったわけではなく，そのような環境において目立たなくなっている状態であることを理解しておく。

■生徒の反応と対応
- 生徒から，「自分は○○が苦手だけど，発達障害なの？」と尋ねられた場合には，「発達障害は，6～10％程度の人にあるといわれていること」「だれにでも苦手なことはあるが，『苦手がある』＝『障害』とは限らないこと」を伝えたい。
- 「発達障害は治らないのか」と尋ねられた場合，目の見えない人が，点字を読む練習をしたり，杖を使って歩く訓練を受けたりすることによって，情報を得たり，移動をしたりすることへの困難が軽減されるのと同じように，発達障害のある人も，苦手な部分を乗り越えるために努力や工夫をしたり，周囲の人がその人の特性に合った対応をしたりすることによって，その人が抱えている困難が目立たなくなることを話す。

■使用した教材

(青)　　　　　　　　　　　　　　　　　　　　　　　　　　　　(白)

教材 1

今日はいい天気ですね
公園に行きましょう

教材 2

今日はいい天気ですね
公園に行きましょう

教材 3

34

同じ社会の一員として尊重し合う①
知的障害のある人と共に生きる

知的障害　　　　　　　　　　　　　　　　　　　　　　松本和久

働いている知的障害者を紹介して，共生社会のあり方を模索します。

■生徒の様子
- 特別支援学級や特別支援学校などとの交流を通して，知的障害のある子どもとかかわった経験がある。
- 職場体験で，地域の小規模作業所などを訪れたことのある生徒がいる。

■この授業のねらい
- 知的障害のある人が，学校卒業後にどのような職に就いているのか，またいかなる支援があれば地域で生活していけるのかを知り，共生社会の実現に向けて自分にできることを考える。

■この授業で陥りやすい誤り
☆理念だけを他人ごととして語る
- 「共生社会実現のために」というと，知的障害のある人との関係はこうあるべきだという抽象論に陥りやすい。そうすると，生徒が自分とは関係のない話であると感じてしまったり，共生社会をどう実現すべきかを具体的に考えないままになってしまう。
- 知的障害のある人が一方的に支援を受けるばかりでなく，その人なりに自分のもつ力を発揮して働いていることに気づき，どのような社会にすれば，共に生きていくことができるのかを考えられるようにする。

指導案㉞

「知的障害のある人と共に生きる」

中学校向け／教室またはパソコン室／総合／50分

	教師のセリフ（●）／生徒の反応（★）	備考
導入	1. 働くことの意義について考える ●私たちは将来，学校を卒業した後，何らかの職業につき，働きます。私たちは，何のために働くのでしょうか。 ★生活のため。 ★お金を稼ぐため。 ★社会の役に立つため。	・ここでは，職場体験学習の後に行うことを想定している。
展開	2. 知的障害のある人の仕事や働き方について考える ●では，知的障害のある人たちの場合はどうでしょうか。学校を卒業した後は，何かの職業について働いているのでしょうか。 ★支援が必要なので，仕事をするのはむずかしいと思う。 ★近所に，知的障害のある人たちが働いている工場があるから，働けると思う。 ●いろいろな意見が出ましたが，知的障害のある人の多くは，特別支援学校の高等部を卒業した後，何らかの仕事をしています。 ●法律では，一般企業は従業員の2％以上，障害のある人を雇うことが義務づけられています。 ●例えば，このチョークを作っている「日本理化学工業」という会社があります。この会社では，社員の70％以上が知的障害のある人です。 ●どんな会社か，ホームページを見てみましょう。 ●みんな，真剣に仕事をしていますね。 ●この会社では，知的障害のある人が，自分のもつ力を発揮できるように，作業方法が工夫されています。 ●ちょうどホームページに，砂時計の写真が出ていますね。これは，何のために使っていると思いますか。 ★作業時間を測るため。 ●はい。そうです。時計を読むことが苦手な人のために，砂時計を使って，ミキサーを混ぜる時間を測っているのだそうです。 ●そのほかにも，チョークが曲がっていないか，長さが十分にあるか，太さは問題ないかを測るための器具があるそうです。 ●こうした工夫により，知的障害のある人が安心して仕事ができ，よい製品ができるのですね。 ●ただし，知的障害のある人の中には，工夫があっても一般企業への就職がむずかしい人もいます。そのため，私たちの中学校の近くにも，知的障害のある人の働く場がありますね。 ★職場体験で「○○作業所」へ行った。	・日本理化学工業のホームページにある「職場の様子」を，全員に見えるようにする。 ・ホームページの関係するページを見せながら説明する。

- ●そう。「○○作業所」もその1つですね。
- ●このように，知的障害のある人も，一般企業に勤めたり，作業所で働いたりしながら，私たちと一緒に地域の中で生活しています。
- ●学校にも，○○学級のようなゆっくり成長する生徒のためのクラスがあって，みなさんと一緒に学んでいますね。

3. 共生社会の実現に向けて自分たちのできることを考える
- ●「共生社会」という言葉を，聞いたことがありますか。
- ●残念なことですが，知的障害のある人は，昔は社会の中で排除される対象でした。それに対して共生社会とは，障害のある人もない人も，互いに尊重し，支え合う社会のことです。地域の中で，障害のある人と一緒に学んだり働いたりすることが，あたりまえのようにできる社会のことです。
- ●障害者のためのさまざまな支援や制度が整い始めていますが，私たち自身の感じ方もとても大切で，障害のある人と一緒に生活することをあたりまえと考えられるようにしていくことが必要だと思います。
- ●みなさんは，これまでの学習で，知的障害のある人も工夫をすれば私たちと同じように生活することができること，私たちと感じる心は同じであることを学んできましたね。
- ●それらを思い出しながら，地域の中で共に生活していくために，自分には何ができるかを具体的に考えてみたいと思います。
- ●グループに分かれて，意見を出し合いましょう。
- ●では，それぞれのグループに発表してもらいましょう。
    - ★ふだん，あいさつをしたり，一緒に遊んだりする機会を増やす。
    - ★話すときは，伝わるように，短く具体的に言う。
    - ★一緒に作業するときは，実物を見せて説明する。
    - ★障害があるから何もできないと決めつけない。
    - ★苦手なことを「どうしたらできるか」考えたりサポートする。

- グループに分かれて，話し合う。

まとめ

4. ノーマライゼーションについて知る
- ●このように，障害のある人も地域社会の一員として自立した生活を送れるようにすること，障害のある人とない人が一緒に暮らせる共生社会をめざそうという考え方が，最近では主流になってきました。このような考え方のことをノーマライゼーションといいます。
- ●現在も，知的障害のある人の中には，施設で生活している人がいます。今日，みなさんが発表してくれたことを具体的に実現していけば，私たちの地域で，知的障害のある人が，安心して快適に生き生きと生活することができるようになっていくと思います。

- 何ができるのかを一人ひとりが考え，それを実践していくことが，共生社会の実現につながっていくことを伝える。

■この授業で押さえておくべき障害に関する知識
- 障害のある人の雇用の促進等に関する法律では，常用雇用労働者数が 50 人以上の一般事業主は，2.0％以上の身体障害のある人または知的障害のある人を雇用しなければならないことが定められている（国・地方公共団体の場合は 2.3％，都道府県の教育委員会の場合は 2.2％）。
- 障害者支援のあり方は大きく転換し，障害のある人を保護の対象とする考え方から，現在は「地域の中であたりまえの生活を送れるようにする」というノーマライゼーションの考え方が中心となり，そのための支援制度が整えられつつある。

■生徒の反応と対応
- グループの話し合いで具体的な議論が進まないようであれば，「言葉でコミュニケーションをとるのがむずかしい人とはどうすればよかったのかな」などと，これまでに学んだ知的障害のある人との接し方の配慮や工夫などを思い出させながら，自分たちがどうすれば，知的障害のある人と生活することが問題なく送れ，必要なときに適切な支援ができると感じさせるように促す。「知的障害のある人への偏見をもたなければよい」などと，抽象的な議論で終わらないようにしなくてはならない。
- 家族に障害のある人をもつ生徒がいた場合，事前に本人や保護者と相談するなど，その意向を踏まえて授業を計画する。

■使用した教材
- 日本理化学工業ホームページ　http://www.rikagaku.co.jp

・砂時計：時計を読むのが苦手な人でも時間がわかりやすい。

・検品の道具：チョークを検品する道具。チョークを溝に挟むだけで，太さや曲がりを確認できる。

- 参考図書

  大山泰弘〈日本理化学工業(株)会長〉著『働く幸せ　仕事でいちばん大切なこと』WAVE 出版

35 同じ社会の一員として尊重し合う②
発達障害のある人と共に生きる

発達障害　　　　　　　　　　　　　　　　　　　　　向後礼子

対人関係を苦手とする人を例にして，共に生きるための方法を考えます。

■生徒の様子
- 全体的に穏やかな雰囲気のクラスであるが，自分と合わないと感じる相手とは距離をおきがちである。そのため，少人数のグループに分かれ，グループ間の交流も少ない。
- 特別支援学級などとの交流を通して，知的障害のある子どもとかかわった経験のある生徒が多い。

■この授業のねらい
- 発達障害を背景としたさまざまな困難がある人の特性を理解し，自分とは異なった感じ方や考え方をする人もうまくいかない状況に"困っている"ことを知る。
- そうした困難により対人関係につまずくことの多い人の例をもとにして，どのように接することが望ましいかについて考える。
- 道徳などの授業で共生社会について取り上げる際にテーマ1つとして取り上げる。

■この授業で陥りやすい誤り
☆スローガンを掲げるだけになる
- 「相手の気持ちを考えて行動しよう」など，抽象的な内容でこの授業を進めてしまうことがあるが，それでは生徒は何をどうすればよいのかについて気づけない。
- この授業で大切なことは，①相手の気持ちを推測することがむずかしい人がいることに気づき，②自分の対応（話し方）を変えることで相手に「自分の気持ち」が伝わりやすくなることを知り，③一方的にどちらかが我慢しなくても，よい対人関係を結ぶことができることを実感させることである。

指導案㉟

「発達障害のある人と共に生きる」

中学校向け／教室／道徳・総合など／50分

	教師のセリフ（●）／生徒の反応（★）	備考
導入	1. 生徒たちへ問題提起をする ●以前の授業で，発達障害のある人は，得意なことと苦手なことの差がとても大きく，自分の努力だけではどうしてもうまくできないことがあることを学びましたね。また，周囲から何に困っているのかをわかってもらえず，「努力をしていない」「がんばっていない」などと言われて，傷ついてしまうことが多くありましたね。	・ここでは，p173の授業の後に行うことを想定している。
展開	2. 発達障害のある人の特性にはどのようなものがあるかを知る ●前回は，文字を読んだり書いたりするのが苦手な人の例を取り上げました。そのほかにどんなことに困っているのか，例を紹介していきたいと思います。 　＊相手の気持ちを推測する／表情から相手の気持ちを読みとるのが苦手／表情が読み取れない 　＊落ち着きがない 　＊決まった手順やルールにこだわる 　＊大きな音が苦手である　など ●それぞれの人が苦手としていることや，困っていることには大きな違いがあります。この中には，ある人はすごく困っているけど，ある人は問題を感じていない，というものもあります。 3. 対人関係の困難がある人と一緒に活動できるかを考える ●今日は例の中から，「相手の気持ちや表情を読むのが苦手な人」について考えてみましょう。 ●あなたがこうした特徴のある人と同じグループになって一緒に作業をしたら，どんなことが起こると思いますか？ 　★自分が言ってほしくないことを言ってくる。 　★空気を読まない発言をする。 　★場に合わない発言をする。 ●このような人と，同じグループで一緒に作業をすることについて，どのように感じますか？ 　★トラブルが起きたら嫌だなと思う。 　★ちょっとぐらい空気を読む努力をしてほしい。 　★相手は，発達障害があって，努力しても苦手なことであるので，自分たちががまんをすればよいと思う。 ●本人に悪気がないとわかっていても，「相手の気持ちや表情を読めない」特徴がある人と，一緒のグループで作業をすると，トラブルが生じるかな，どちらかが我慢をしなくてはならないかなと感じて心配になるのですね。	・発達障害のある人の特徴を書いた紙を用意する。 ・ここでは，否定的な意見もそのまま受けとめる。

	4. 具体例をもとに，どうすれば一緒に活動できるかを考える ●発達障害のある人は，人の気持ちが理解できないのではなく，気づきにくいのです。 ●では，人の気持ちを推測したり状況を読むことが苦手な太郎君の会話の例をもとに考えてみましょう。 　太郎君は次郎君に，「その帽子，変だね」と言いました。すると，次郎君は太郎君に，「いいじゃん」と言い返しました。そうしたら，太郎君は「よくないよ」と返事をしました。 ●このとき次郎君は，「その帽子，変だね」と言われて，どんな気持ちになったでしょうか？ 　★太郎君は嫌なやつだ／何てことを言うのだ ●そうですね。次郎君は嫌な気持ちになったので，「放っておいてよ」という意味で，「いいじゃん」と言い返したわけですね。 ●それに対して，太郎君は「よくないよ」と言いましたが，これは，どうしてでしょう？ 　★「いいじゃん」というのが，帽子のことだと思ったから。 ●そう。太郎君は，次郎君の表情から，次郎君が嫌な気持ちでいることを読み取れなかったので，「いい」というのが帽子のことだと思ったのですね。会話がかみ合わず，次郎君の気持ちは太郎君に伝わっていません。 ●では，何と言えば，太郎君の気持ちが伝わるでしょうか。 　★変だと言わないでほしい。 　★変と言われると嫌な気持ちになる。 ●そのように言われて，太郎君が次郎君の気持ちに気づき，「ごめんね」と言ったら，どちらかだけが我慢をしなくてはならない関係ではなくなりますね。	●太郎君と次郎君のイラストを見せながら説明する。
まとめ	**5. 教師の願いを伝える** ●世の中には，自分とは違う感じ方や考え方をする人がたくさんいます。発達障害のある人も，その中の1人といえると思います。 ●そういう人と出会ったときに，「どうしたらいいのかな」「どうしたら伝わるかな」と考えることは，相手を理解する第一歩になります。 ●また，不思議に思う行動をとる人を，「変だ」と決めつけるのではなく，どうしてそうした行動をとるのかなと考えたり，わからなければ，みんなと一緒に考えることを大切にしたいと思います。 ●このように，一人ひとりが違いを認め合って，自分ができることに少しずつ取り組んでいこうとする気持ちや態度が，だれもが気持ちよく過ごせるクラスや社会をつくっていくことにつながっていきます。	

■この授業で押さえておくべき障害に関する知識

- 発達障害の種類には，学習障害，ADHD，自閉症スペクトラム障害などがあるが，これらの障害は重複して診断される場合がある。また，同一の診断名であっても，困っているところや，苦手としているところは一人ひとり違い，困難の度合いも異なる。診断名によらず，困っていることへの理解と対応をしていくことが求められる。
- 発達障害のある子どもが，なぜ周囲と違う行動（パニック，衝動性・多動性など）をとるのかについて，まず教師が理解することで，その子どもの気持ちを把握できるようになるとともに，周囲にその子どもの代弁をすることができるようになる。

■生徒の反応と対応

- 「すべてを発達障害のある人に合わせないといけないのか」と聞かれた場合には，がんばってもできないこと（苦手なこと）の例をあげ，みんなの助けが必要であることを伝える。例えば，視力がよくない人が，メガネやコンタクトレンズの助けを借りているのと同様に，コミュニケーションで困っている人には，説明や伝え方などに相手の助け（理解と適切な対応）が必要になることを説明する。また，一方的に我慢する必要はなく，嫌だと思うことは伝えてよいが，それを相手が理解できるように伝えることが大切であることを説明する。
- 授業終了後に生徒が，「自分は発達障害なのか」と相談に訪れる可能性がある。その場合には，「発達障害の特性は『ある』か『ない』かではなく，連続したものであることを説明する。そのうえで，教師から見て，発達障害の傾向が疑われる生徒には，生徒の訴えをよく聞き，どのように日常生活を工夫すれば，その生徒の学習のしづらさ，生活のしづらさを解消できるのかについて一緒に考えることが必要になる。

■使用した教材

- 発達障害の特徴についてまとめたもの
- 太郎と次郎のイラスト

引用文献

フランツ=ヨーゼフ・ファイニク著,フェレーナ・バルハウス絵,ささきたづこ訳(2006)『わたしたち 手で話します』,あかね書房.
星川ひろ子(1999)『となりのしげちゃん』,小学館.
北村小夜監修,嶋田泰子著,内藤裕写真(2006)『ゆめ,ぜったいかなえるよ』,ポプラ社.
Ono Satoko (2013) Details of the visual impairment simulation experiments in school education and problem points – Based on the results of survey conducted on university students –, The Asian Journal of Disable Sociology, 13, 31-38.
大山泰弘(2009)『働く幸せ－仕事でいちばん大切なこと－』,WAVE出版.
水野智美(2008)『幼児に対する障害理解指導－障害を子どもたちにどのように伝えればよいか－』,文化書房博文社.
水野智美・西館有沙・石上智美・富樫美奈子(2006)小学校・中学校の検定教科書における障害の扱われ方－交通バリアフリーに関する内容を中心に－,障害理解研究,8, 23-35.
水野智美・徳田克己(2010)点字ブロックが車いす使用者,高齢者,幼児の移動にどの程度のバリアになっているのか,厚生の指標,57(1), 15-20.
Mizuno Tomomi, Tokuda Katsumi (2011) How the parents who have toddlers use disciplining language with threats –Comparison with the result of the research conducted 13 years ago as a main topic–, The Asian Journal of Disable Sociology, 11, 99-106, 2011.
水野智美・徳田克己(2012)道徳副読本における障害の扱われ方の変化－2003年度版と2010年度版とを比較して－,教材学研究,23巻, 273-280.
さじひろみ(2010)『みんながつかうたてものだから』,偕成社.
たばたせいいち,先天性四肢障害児父母の会,のべあきこ,しざわさよこ(1985)『さっちゃんのまほうのて』偕成社.
徳田克己(1994)障害理解における絵本『さっちゃんのまほうのて』の読み聞かせの効果,読書科学, 38(4), 153-161.
徳田克己(1996)幼児に対するしつけ言葉が障害理解に与える影響,桐花教育研究所研究紀要, 9, 9-14.
徳田克己(1998)しつけ言葉の心理的影響－おどしのしつけ言葉と障害理解の関係－,桐花教育研究所研究紀要, 10, 19-24.
徳田克己監修,水野智美編著(2012)『具体的な対応がわかる 気になる子の保育』チャイルド本社.
徳田克己監修(2013)『ユニバーサルデザインとバリアフリーの図鑑』,ポプラ社.
徳田克己・水野智美(2011)『点字ブロック 日本発視覚障害者が世界を安全に歩くために』,福村出版.
トゥリシア ブラウン著,偕成社編集部訳(1995)『やぁ,すてきななかまたち!』偕成社.

◆編者紹介
水野　智美（みずの・ともみ）
慶応義塾大学文学部卒業，筑波大学大学院心身障害学研究科単位取得後退学。
福山平成大学経営学部専任講師，桜花学園大学人文学部助教授，近畿大学教職教育部准教授を経て，現在，筑波大学医学医療系准教授。また，筑波大学発ベンチャー企業「子ども支援研究所」の副所長として，気になる子どもの対応および理解教育について，保育者の相談に応じている。
著書に，『障害理解－心のバリアフリーの理論と実践－』（誠信書房），『幼児に対する障害理解指導－障害を子どもたちにどのように伝えればよいか－』（文化書房博文社），『具体的な対応がわかる気になる子の保育－発達障害を理解し，保育するために－』（チャイルド本社）などがある。

◆著者
水野　智美　　筑波大学　医学医療系
徳田　克己　　筑波大学　医学医療系
西館　有沙　　富山大学　人間発達科学部
大越　和美　　子ども支援研究所
松本　和久　　岐阜聖徳学園大学　教育学部
向後　礼子　　近畿大学　教職教育部
枝野　裕子　　筑波大学大学院　人間総合科学研究科　博士課程

（以上，2016 年 3 月現在）

はじめよう！ 障害理解教育
子どもの発達段階に沿った指導計画と授業例

2016年7月1日　初版第1刷発行　［検印省略］

編　著　　水野智美 ©
発行人　　福富　泉
発行所　　株式会社 図書文化社
　　　　　〒112-0012　東京都文京区大塚1-4-15
　　　　　Tel.03-3943-2511　Fax.03-3943-2519
　　　　　振替　00160-7-67697
　　　　　http://www.toshobunka.co.jp/
DTP　　　株式会社 さくら工芸社
印刷・製本　株式会社 加藤文明社印刷所

JCOPY　＜(社)出版者著作権管理機構 委託出版物＞
本書の無断複写は著作権法上での例外を除き禁じられています。
複写される場合は，そのつど事前に，（社）出版者著作権管理機構
（電話 03-3513-6969，FAX 03-3513-6979，e-mail: info@jcopy.or.jp）
の許諾を得てください。

乱丁・落丁本の場合はお取り替えいたします。
定価はカバーに表示してあります。
ISBN 978-4-8100-6671-5　C3037

シリーズ 教室で行う特別支援教育

個に応じた支援が必要な子どもたちの成長をたすけ，学校生活を楽しくする方法。
しかも，周りの子どもたちの学校生活も豊かになる方法。
シリーズ「**教室で行う特別支援教育**」は，そんな特別支援教育を提案していきます。

ここがポイント学級担任の特別支援教育

通常学級での特別支援教育では，個別指導と一斉指導の両立が難しい。担任にできる学級経営の工夫と，学校体制の充実について述べる。

河村茂雄 編著
B5判　本体2,200円

応用行動分析で特別支援教育が変わる

子どもの問題行動を減らすにはどうしたらよいか。一人一人の実態から具体的対応策をみつけるための方程式。学校現場に最適な支援の枠組み。

山本淳一・池田聡子 著
B5判　本体2,400円

教室でできる 特別支援教育のアイデア 小学校編 小学校編Part2

通常学級の中でできるLD, ADHD, 高機能自閉症などをもつ子どもへの支援。知りたい情報がすぐ手に取れ，イラストで支援の方法が一目で分かる。

月森久江 編集
B5判　本体各2,400円

教室でできる 特別支援教育のアイデア 中学校編 / 中学校・高等学校編

中学校編では，授業でできる指導の工夫を教科別に収録。中学校・高等学校編では，より大人に近づいた生徒のために，就職や進学に役立つ支援を充実させました。

月森久江 編集
B5判　本体各2,600円

特別支援教育を進める学校システム

特別支援教育の推進には，特定の教師にだけ負担をかけないシステムが大切。学級経営の充実を基盤にした校内体制づくりの秘訣。

河村茂雄・髙畠昌之 著
B5判　本体2,000円

遊び活用型読み書き支援プログラム

ひらがな，漢字，説明文や物語文の読解まで，読み書きの基礎を網羅。楽しく集団で学習できる45の指導案。100枚以上の教材と学習支援ソフトがダウンロード可能。

小池敏英・雲井未歓 編著
B5判　本体2,800円

人気の特別支援関連図書

Q-Uによる特別支援教育を充実させる学級経営
河村茂雄 編著　B5判　本体2,200円

学ぶことが大好きになるビジョントレーニング 全2冊
北出勝也 著　B5判　本体各2,400円

「特別支援外国語活動」のすすめ方
伊藤嘉一・小林省三 編著　B5判　本体2,400円

K-ABCによる認知処理様式を生かした指導方略

長所活用型指導で子どもが変わる

正編 特別支援学級・特別支援学校用
藤田和弘 ほか編著　B5判　本体2,500円

Part 2 小学校 個別指導用
藤田和弘 監修　B5判　本体2,200円

Part 3 小学校中学年以上・中学校用
藤田和弘 監修　B5判　本体2,400円

図書文化

※定価には別途消費税がかかります